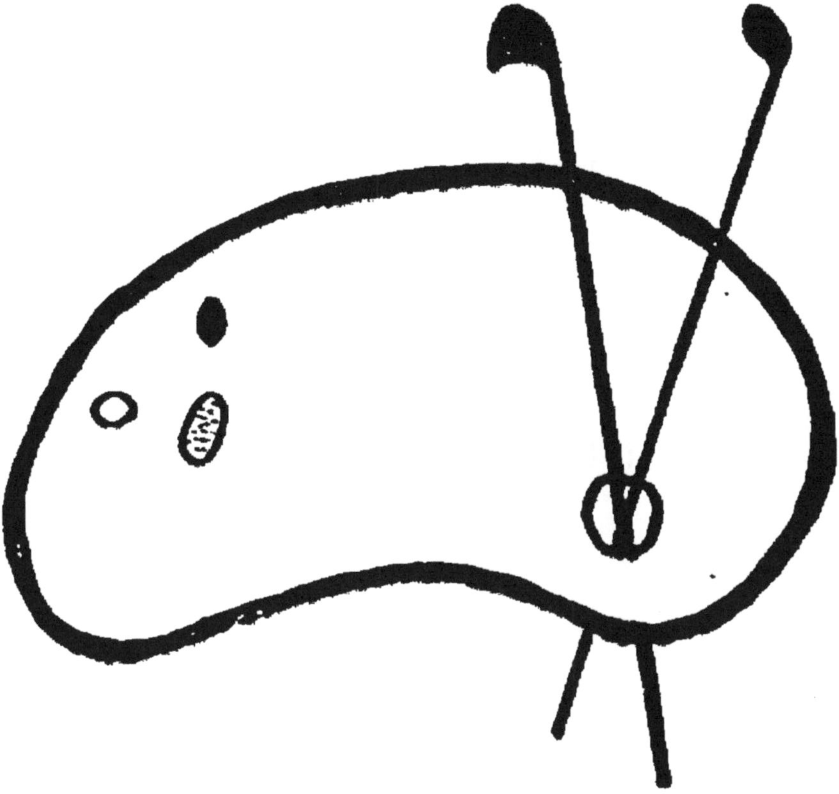

LES

FINANCES DE L'EMPIRE

PAR

AUGUSTE VITU

PARIS
E. DENTU, LIBRAIRE-ÉDITEUR
PALAIS-ROYAL, 17 ET 19, GALERIE D'ORLÉANS.

1868

PARIS

IMPRIMERIE BAILLOUT, QUESTROY ET Cᵉ
7, rue Bailif, et rue de Valois, 18

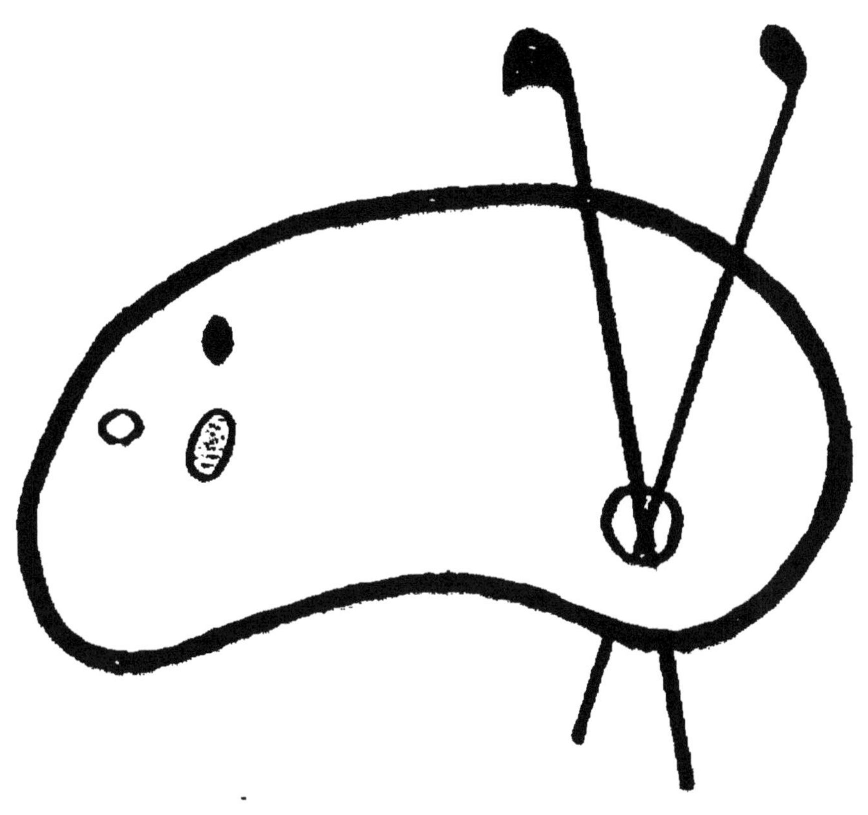

FIN D'UNE SERIE DE DOCUMENTS
EN COULEUR

LES

FINANCES DE L'EMPIRE

DU MÊME AUTEUR

Le Budget de 1862. — Grand in-8°, Paris, Dentu, 1861. — Prix : 1 franc.

Guide financier. — Grand in-12 de 1,100 pages, Paris, Hachette et Cᵉ, 1864. — Prix : 7 fr. 50.

Histoire de Napoléon III et du rétablissement de l'Empire. — In-8° de 500 pages, Paris, Ledoyen et Giret, 1854. — Prix : 7 fr. 50 (*Épuisé*).

Histoire civile de l'armée. — In-8° de 600 pages. — Paris, Didier et Cᵉ, 1868. — Prix : 7 fr.

Paris. — Imprimerie Balitout, Questroy et Cᵉ, rues Baillif, 7, et de Valois, 18.

LES

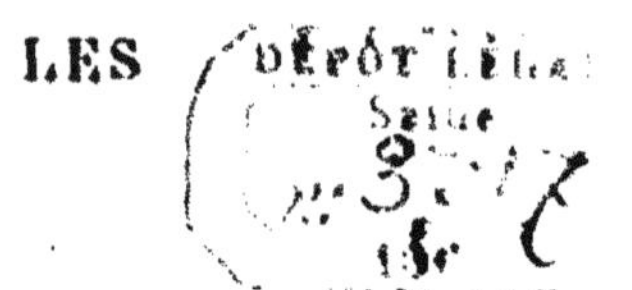

FINANCES DE L'EMPIRE

PAR

AUGUSTE VITU

PARIS
E. DENTU, LIBRAIRE-ÉDITEUR
PALAIS-ROYAL, 17 ET 19, GALERIE D'ORLÉANS

1868

LES

FINANCES DE L'EMPIRE

RÉPONSE

AU PAMPHLET DE M. HORN

I

De toutes les vérités dont la connaissance est utile aux citoyens d'un État, il n'en est pas de plus importante ni de plus difficile à discerner que la vérité financière.

Les chiffres, cette matière aride, ont leur mirage comme les sables du désert; maniés par une main savante, habile et perfide, ils peuvent égarer l'opinion publique, en abritant, sous leurs colonnes d'apparence rigide, l'injustice, l'injure, la calomnie, en un mot tous les excès que la passion politique se permet comme un droit contre les institutions et les personnes qu'elle veut avilir et renverser.

Heureusement, la polémique financière offre en elle-même des ressources et des moyens de conviction qui manquent trop souvent à la controverse politique. Les calculs adultérés et sophistiqués peuvent tromper un instant le lecteur sans défiance; mais l'erreur une fois démontrée, ils se retournent contre ceux qui n'ont pas craint de les produire, et de commettre ainsi cette espèce de faux en écriture publique qu'on appelle le *pamphlet financier*.

Économiste renommé, successivement collaborateur du *Pays, journal de l'Empire*, de la *Revue contemporaine*, du *Journal des Débats* et de *l'Avenir national*, M. Horn, auteur de la brochure qui s'intitule *le Bilan de l'Empire*, n'a pas, pour couvrir ses erreurs, l'excuse de l'inexpérience. Lorsqu'il avance un fait inexact, lorsqu'il rapproche comme identiques deux faits disparates, lorsqu'il exagère un total, lorsqu'il en réduit un autre, lorsqu'il compte ce qu'il prétend supprimer ou lorsqu'il supprime ce qu'il prétend compter, il sait ce qu'il fait ; il agit avec pleine connaissance ; de telle sorte que la démonstration de ses innombrables erreurs, ne pouvant infirmer sa science, ne met fatalement en cause que sa sincérité.

Qu'a voulu démontrer M. Horn?

Que l'Empire, en quinze années, a dissipé des sommes immenses ; qu'il les a consumées en dépenses stériles ou inutiles ; qu'il a grevé le citoyen de charges sans compensation, tarissant dans leur source et l'aisance des familles et la fortune publique.

Nous disons, nous :

Que l'Empire, en quinze années marquées par les guerres les plus glorieuses et les plus nécessaires, n'a pas marché plus vite dans la progression des dépenses que ses prédécesseurs ne l'avaient fait au sein d'une paix souvent humiliée ;

Qu'il a doté le pays de magnifiques instruments de travail et de richesse ;

Qu'il a laissé l'impôt au même étiage que ses prédécesseurs ;

Qu'enfin, l'aisance des particuliers et la fortune publique ont acquis, sous le règne de Napoléon III, un développement sans exemple dans les annales de la France moderne.

Cela dit, il nous reste à le prouver. Tel est l'objet de notre travail.

Rétablir dans leur intégrité les chiffres mal posés ou défigurés par M. Horn ;

Discuter la valeur intrinsèque et comparative des chiffres rectifiés ;

Faire connaître l'emploi des sommes mises chaque année par les mandataires du pays à la disposition du pouvoir politique ;

Exposer enfin les progrès accomplis, et décrire les richesses conquises sous l'impulsion féconde d'un gouvernement vraiment national et vraiment populaire :

Telles sont les principales divisions du cadre que nous allons remplir avec plus de faits que de mots.

II

On a voulu frapper un grand coup sur l'imagination française en groupant en un seul chiffre tous nos budgets de dépenses de 1852 à 1866. Pris en masse, les budgets de ces quinze années présentent le total considérable de 31,003,167,880 francs. Trente et un milliards de francs! s'écrie-t-on. Somme prodigieuse, presque incroyable? Trente et un milliards de francs! Entendez-vous, contribuables! Vous avez payé en quinze années trente et un milliards de francs!

Et quand cela serait vrai! Est-ce que l'énormité du chiffre a quelque valeur en elle-même? Ne reconnaissez-vous pas, tout le premier, que « tout est relatif dans ce bas monde, les chiffres surtout », et que « les grosses sommes n'effraient plus par elles-mêmes », car « c'est une affaire de proportionnalité? »

Dès cette seconde page de la brochure, nous saisissons sur le vif le procédé de M. Horn; lorsqu'il énonce un axiome, c'est qu'il va l'oublier; lorsqu'il annonce une chose, c'est qu'il veut faire tout le contraire. Ainsi, dans le temps même qu'il s'écrie : « les grosses sommes n'effraient plus », c'est qu'il vient de grossir le chiffre réel des dépenses budgétaires. Premier point à vérifier, si nous voulons y voir clair et débrouiller l'écheveau des inexactitudes systématiques dont nous tenons ici le premier fil.

Le travail que nous avons à faire sur les quinze premiers budgets de l'Empire serait mal apprécié du lecteur si nous ne l'appliquions d'abord à un budget particulier. Nous prendrons pour thème le budget de 1866, le dernier auquel se soit arrêté M. Horn.

D'abord, qu'est-ce qu'un budget?

L'évaluation des besoins de l'État, c'est-à-dire la prévision des dépenses, et l'évaluation des voies et moyens, c'est-à-dire la prévision des recettes? Sans doute, un budget contient tout cela; mais il contient quelque chose de plus. Le Trésor public fonctionne exactement comme une maison de banque, avec les mêmes règles de comptabilité perfectionnée. La principale de ces règles est que toute opération, tout mouvement en recette ou en dépense, doivent être décrits, de telle sorte qu'on en puisse toujours suivre la trace. Par exemple, la loi veut que l'État surveille, par ses ingénieurs, les compagnies de chemins de fer, et que ces compagnies remboursent à l'État les frais de la surveillance dont elles sont l'objet. Le traitement des ingénieurs du contrôle figurera donc en dépense dans le budget de l'État, et parallèlement le remboursement de cette dépense par les compagnies figurera en recette. La balance de cette opération est zéro, et cependant le total des recettes et celui des dépenses se trouve grossi d'environ deux millions, prix de la surveillance des chemins de fer.

Ce procédé d'écritures, appliqué à un certain nombre d'objets fort divers, enfle l'actif et le passif de nos budgets de sommes purement fictives, qui, réunies, deviennent très-considérables et doivent en être déduites si l'on veut avoir le chiffre au vrai.

La plus importante de ces écritures de pure forme s'applique aux réserves de l'amortissement, qui, toutes les fois que la loi de finances les a détournées de leur affectation primitive pour les appliquer aux besoins généraux des budgets, ont été inscrites d'abord en dépense, comme versées à la Caisse d'amortissement, puis réinscrites en recettes, comme reversées par la Caisse d'amortissement au Trésor public. En réalité, la Caisse d'amortissement n'a rien reçu et n'a rien rendu ; mais la double écriture étant considérée comme indispensable pour l'établissement régulier du compte de l'amortissement, le budget de 1866 se trouvait, de ce seul chef, chargé, à l'actif comme au passif, d'une somme absolument imaginaire de 127,975,152 francs. On verra plus tard à quel imposant total arrive le même article fictif pour les quinze premiers budgets de l'Empire (1).

Posons maintenant les chiffres du budget de 1866 d'après le compte général de l'administration des finances :

Recettes ordinaires.	1,806,305,438
Ressources spéciales.	270,912,536
Recettes extraordinaires.	165,890,551
Total des recettes apparentes.	2,243,108,525
Mais si l'on en déduit la recette fictive de l'amortissement, montant à	127,975,202
Les recettes réelles descendent déjà à . . . fr.	2,115,133,323

Ce n'est pas tout. Le dernier total ci-dessus inscrit comprend

(1) Ce système d'écritures, dont le moindre tort était de prêter à de fausses appréciations sur notre situation financière, a été abrogé par la loi de finances de l'exercice 1867.

divers reliquats demeurés libres sur les précédents exercices où ils ont été déjà comptés. Il faut donc les déduire ici, sous peine de les compter deux fois dans l'ensemble des budgets. Ce sont :

Les fonds du cadastre reportés de l'exercice 1864 pour . . . . fr.	156,474
Les fonds spéciaux départementaux reportés des exercices précédents pour	24,335,998
Enfin, l'excédant de l'exercice 1863	12,224,330
Ensemble . . . . fr.	36,716,802
Si du précédent total de	2,115,133,323
Nous défalquons ces reports venus des précédents exercices.	36,716,802
Les recettes propres de l'exercice 1866 descendent encore à.	2,078,416,521

Ce n'est pas encore le chiffre vrai des recettes propres à l'exercice 1866. L'administration financière tient compte de toutes les recettes du Trésor; mais, lorsqu'après avoir perçu les contributions directes, les droits d'enregistrement, de timbre, de douanes, etc., elle est obligée de restituer les sommes qu'elle a exigées en trop par erreur ou autrement, force lui est bien d'inscrire en dépense le montant de ces restitutions, comme aussi les non-valeurs résultant de l'insolvabilité des contribuables, etc. Ce chapitre figure dans le budget des dépenses de 1866 pour une somme de 12,400,583 fr. sur les contributions directes (1), et de 10,969,800 fr. sur les autres contributions; ensemble 23,370,383 fr.

On ne peut pas demander compte au gouvernement des sommes qu'il ne perçoit pas ou qu'il est obligé de rendre aux contribuables. Les recettes dont il dispose doivent donc être diminuées de toute la portion annulée ou restituée.

Des recettes propres de l'exercice 1866, que nous établissions tout à l'heure à. . . . . fr.	2,078,416,521
il y a donc lieu de déduire.	23,370,383
Reste alors . . . fr.	2,055,046,138

(1) Les comptes des finances (compte général de 1866, p. 435) comprennent dans les non-valeurs 694,394 fr. 87 pour frais d'impression des rôles, des avertissements, d'arpentage et d'expertise. Nous contestons ce groupement, car les frais de ce genre sont de véritables dépenses administratives, tandis que

Nous pouvons considérer ce dernier total comme représentant à peu près les vraies recettes de l'exercice 1866. Il demeure cependant un peu supérieur à la vérité absolue, car il comprend encore un certain nombre de recettes d'ordre, purement fictives. Quoiqu'il en soit, voilà le total du budget des recettes de 1866 débarrassé, par un premier examen, de 188,062,387 fr. de recettes fictives, dont l'État n'a jamais disposé et dont le contribuable, par conséquent, n'a jamais payé un centime.

Maintenant, abordant un autre ordre d'idées, il convient de se demander d'où provient cette somme, et si elle est toute entière fournie par l'impôt, comme M. Horn l'affirme catégoriquement en plusieurs passages de sa brochure.

D'un coup d'œil jeté sur la table des divisions secondaires du budget, on voit que l'État a des revenus à lui, parce qu'il est propriétaire; il a les forêts et le domaine, d'où découlent des revenus naturels, qui n'ont rien de commun avec l'impôt.

Ces revenus naturels ont produit en 1866, les forêts et la pêche 42,975,590 fr. et le domaine 17,435,657 fr.; ensemble 60,411,247 fr.

Il existe de plus une vaste nomenclature de « divers revenus » et « de produits divers, » tels que les produits universitaires, les produits et revenus de l'Algérie, les retenues faites sur le traitement des employés pour le service des pensions civiles, les bénéfices sur la fabrication des monnaies et médailles, le produit du travail dans les prisons, etc., etc., qui ne sont pas non plus fournis par l'impôt français, et qui figurent, à l'exercice 1866, pour une recette de 77,272,139 fr. (1).

les restitutions et non-valeurs constituent une diminution sur les recettes, ce qui est bien différent.

(1) Voici comment nous établissons ce chiffre. Les divers revenus, déduction faite de la recette fictive de la portion de l'amortissement attribuée aux recettes ordinaires, montent à .... fr. 36,660,188

Et les revenus divers à 54,933,394

Ensemble .... fr. 91,593,582

Mais ces derniers contiennent des recettes que nous laissons, sauf discussion, à la charge de l'impôt, telles que :

Taxe des biens de main morte .... fr. 3,465,423

Redevances et produits des mines 1,578,792

Produits de la télégraphie 9,277,228

14,321,443

Restent donc 77,272,139 francs comme revenus et produits divers ne provenant pas de l'impôt perçu en France.

D'autre part, les recettes extraordinaires proprement dites, indemnités de Chine et Cochinchine, versement de la Société algérienne, etc., montent à fr. 58,063,731.

Reprenons donc le chiffre des recettes propres de l'exercice 1866, arrêté à . . . . fr. 2,055,046,138

Nous en déduirons :		
Les forêts et le domaine . . fr.	60,411,247	
Et les produits divers	77,272,139	
Total . . . fr.	137,683,386	
Plus les recettes extraordinaires	58,063,731	
Ensemble		195,747,117
Reste.		1,859,299,021
Défalquant les produits départementaux et communaux qui ont des origines diverses autres que l'impôt, montant à		31,082,167
Il reste comme maximum possible de l'impôt.		1,828,216,854

Nous nous expliquerons tout à l'heure sur la nature même de l'impôt, nom générique qui recouvre des sources de revenus fort distinctes. Pour le moment, continuant à parcourir l'échelle de nos déductions, nous posons une question nouvelle: Quelle est la portion de ces 1828 millions que l'État applique à ses dépenses?

Les lois de finances autorisent annuellement le prélèvement sur les quatre contributions directes d'un certain nombre de centimes applicables à des dépenses d'utilité départementale et communale, fonds commun, chemins vicinaux, instruction publique, etc. L'État n'est que le percepteur et le dépositaire de ces sommes qu'il reverse intégralement au budget des départements et des communes où elles figurent; on ne peut donc en demander compte à l'État, puisqu'elles ne font que traverser son budget. Elles s'élèvent pour 1866 à 250,446,461 fr.

Vainement M. Horn s'efforce-t-il de prouver que ces sommes, provenant de l'impôt, doivent être supputées dans le budget général bien que représentant des dépenses locales. En raisonnant ainsi, on ne voit pas pourquoi M. Horn se prive d'ajouter au budget de l'État la totalité des 89 budgets départementaux et des 35,000 budgets communaux de l'Empire, dont le montant provient également de l'impôt.

Il va de soi, d'ailleurs, que les recettes de cette nature, dites recettes spéciales, étant proportionnelles au principal des contributions directes, s'accroissent avec celles-ci, sans que l'État ait à modérer la marche ascendante des recettes spéciales ni à en profiter.

Nous venons, dans ces quelques pages, de conquérir plusieurs notions préliminaires d'une grande importance. Nous établissons en effet :

1° Que les recettes propres de l'exercice 1866, calculées en apparence à fr. 2,243,408,525, ne dépassent pas, lorsqu'on a défalqué les recettes fictives, les non-valeurs et les sommes restituées aux contribuables, une réalité de. . . . fr. 2,035,046,138

Que de cette somme il faut déduire le reversement aux départements et aux communes montant à	230,416,461
Reste.	1,804,629,677
Puis encore des écritures d'ordre concernant l'Algérie et les travaux publics, pour . .	6,891,096
Ce qui ne laisse en recette à l'État que. fr.	1,797,738,581

D'autre part, sur la recette commune au budget général et aux budgets locaux, montant à . . . . fr. 2,035,046,138

L'impôt ne figure en masse que pour. . . .	1,828,216,854
La différence, soit . . . fr.	226,829,284

provenant des forêts, des domaines, des revenus divers et des recettes extraordinaires et des produits éventuels autres que ceux de l'impôt.

L'analyse du budget des dépenses est nécessaire pour compléter l'enseignement élémentaire sur lequel reposeront nos déductions ultérieures.

D'après les résultats de l'établissement provisoire du budget de 1866 au 31 décembre, les dépenses ordinaires étaient prévues à. fr. 1,703,440,885

Dépenses sur ressources spéciales.	270,912,536
Dépenses extraordinaires	267,469,412
fr.	2,241,822,833

De ce total apparent, il convient de déduire les dépenses fictives ou d'ordre qui ne font que traverser le budget et n'affectent en rien ni les besoins de l'État ni les facultés du contribuable, savoir :

1° La dépense fictive de l'amortissement. . fr.	127,975,202
2° Les restitutions et non-valeurs sur impôts divers	10,969,800
3° Les non-valeurs et restitutions sur contributions directes.	12,400,583
4° Les recettes d'ordre et restitutions sur chapitres divers.	6,891,096
5° La portion des contributions directes reversée aux départements et aux communes.	250,416,461
6° La restitution aux condamnés d'une partie de leur travail.	8,365,000
7° Une subvention aux communes pour contribution à leurs chemins vicinaux	8,300,000
Total des déductions à opérer sur les dépenses apparentes . . . . fr.	415,318,142
Le total apparent étant de.	2,241,822,833
Et les déductions s'élevant à.	415,318,142
Les dépenses réelles de l'État ne dépassent pas.	1,826,504,691
Les dépenses totales de l'État n'étant que de fr.	1,826,504,691
Qui sont couvertes par ses revenus propres et des ressources extraordinaires montant à. . . .	195,747,117
La différence est de . . . . fr.	1,630,757,594
Défalquant l'excédant de 1865.	12,224,330
Reste à couvrir par l'impôt. . .	1,618,533,264

Il ressort de là ce résultat final que l'impôt payé à l'État pour les services de l'État, en 1866, a été de 1,618 millions et non de 2,243 millions, comme on pourrait le croire d'après le système de M. Horn.

De seize à vingt-deux et demi la différence est forte; elle est de 40 pour 100 sur une seule année. Nous démontrerons que l'erreur totale de M. Horn, sur les quinze budgets de l'Empire, dépasse encore celle qu'il accrédite sur l'année 1866 prise en particulier.

Il nous reste à donner la balance de nos calculs. Si elle est juste, elle prouvera que nous n'avons rien oublié ni altéré.

D'une part, nous avons établi que les recettes vraies de l'Éta se chiffraient par une somme de. . . . . fr. 1,797,738,581

Y ajoutant les fonds reportés des exercices précédents. 36,716,802

On a le total des voies et moyens de l'État. fr. 1,834,455,383

Les dépenses propres de l'État sont calculées par nous à. . . . . fr. 1,826,504,691

Différence 7,950,692

Ainsi employée :

Restitution du travail des condamnés.	3,365,000	6,665,000
Dépense des chemins vicinaux. .	3,300,000	

Différence finale constituant un excédant de recettes. . . . . fr. 1,285,692

Or, si nous reprenons les gros chiffres, les chiffres bruts qui ne représentent pas seulement les recettes et dépenses effectives, mais qui les grossissent en mêlant à la réalité des choses les fictions d'écriture et de comptabilité, nous voyons que les recettes de 1866 sont évaluées provisoirement à. . . . . fr. 2,243,108,525

Et les dépenses à. 2,241,822,833

Différence . . . . fr. 1,285,692

Cette différence, égale à celle qui ressort de notre travail de comparaison sur les chiffres au vrai, prouve qu'il est absolument juste et peut servir de bases aux déductions générales où nous allons entrer, puisqu'il concorde avec les résultats authentiques de la comptabilité du Trésor.

III

L'étude à laquelle nous venons de nous livrer sur la composition et le mécanisme de nos budgets met en relief une vérité à peine soupçonnée du public : c'est que les chiffres apparents du budget, comprenant des éléments de pure comptabilité, sont supérieurs environ d'un tiers au montant réel de la recette et de la dépense. Mais M. Horn, à qui cette vérité est familière, s'est bien gardé de la laisser transparaître; s'il l'eût avouée, le chiffre de *trente et un milliards* lui échappait, et son principal effet de fantasmagorie s'évanouissait.

Une autre remarque à faire, c'est que, se rapportant à des articles qui pour la plupart suivent la progression générale, les dépenses fictives deviennent d'autant plus considérables qu'elles accompagnent des réalités plus élevées. La conséquence de cette remarque, c'est que les déductions à opérer pour obtenir les chiffres au vrai sont très-considérables sur les budgets les plus forts et moindres sur les budgets les plus faibles, ce qui diminue de beaucoup l'écart apparent que les écritures fictives aggravent entre les budgets les plus forts et les budgets les moins élevés.

Rendons sensible cette vérité par un exemple.

Si nous comparons les dépenses ordinaires (y compris les fonds départementaux et communaux) de l'exercice 1866, montant à 1,974,353,421 fr., avec les dépenses similaires de l'exercice 1847, montant à 1,452,226,664 fr., nous apercevons une différence de 522,126,757 fr. Mais si nous retranchons respectivement les dépenses fictives ou réelles de l'amortissement, les restitutions et non valeurs, et les fonds départementaux et communaux, la dépense se réduit :

Pour 1866, à.	fr.	1,572,081,424
Pour 1847, à.	fr.	1,224,023,977
Et l'écart n'est plus que de.	fr.	348,057,457

Si, voulant serrer de plus près encore la réalité des faits, nous défalquons, en outre : 1° le service des prisons, qui au budget de 1866, comprend des dépenses qui ne figuraient pas à celui de 1847, parce qu'en ce temps-là elles restaient à la charge des départements; 2° le service de la télégraphie privée, qui n'existait pas en 1847, les deux totaux descendent :

Pour 1866.	fr.	1,545,095,864
Pour 1847.	fr.	1,214,302,949
Ce qui réduit encore l'écart à.	fr.	330,792,915

Ces diverses comparaisons, que nous pourrions multiplier, ouvrent assez de perspectives sur la valeur intrinsèque des éléments constitutifs des budgets pour réduire de beaucoup, aux yeux de l'homme qui réfléchit, les montagnes de totaux inertes entassés par M. Horn.

Cependant, l'auteur du *Bilan de l'Empire,* cherchant à prévoir et à enterrer du même coup les objections, reconnaît qu'il y aurait lieu de défalquer les sommes dépensées pour achat et fabrication des tabacs et des poudres, ce qui est une simple avance, de même que les frais d'administration de la poste ; « ce qui serait, dit-il, » une réduction de 125 millions à opérer sur le total de 2,227 mil- » lions qu'atteint la charge budgétaire annuelle. » Après avoir constaté spontanément qu'il y aurait cette déduction à faire, M. Horn ne la fait pas, sous le prétexte que « cette unique réduc- » tion légitime est plus que contrebalancée *par ce qu'il faut* » *ajouter ailleurs:* » à savoir « le budget des dépenses sur ressour- » ces spéciales, que l'administration aime à écarter tout entier du » compte des charges contributives. »

Quel est ce raisonnement? Est-ce que le budget des dépenses sur ressources spéciales n'est pas compris dans les 2,227 millions auxquels l'on fixe le montant de la charge budgétaire pour la période 1862-1866? Il y est compris, vous ne pouvez le nier; et par conséquent, au lieu d'insinuer que le total de la moyenne budgétaire doit être porté à 271 millions au delà des 2,227 millions annuels, ce qui est insensé, vous auriez dû opérer la réduction de 125 millions, puis que vous la reconnaissiez légitime.

Ici, M. Horn est pris sur le fait, en flagrant délit de sophistication de chiffres. Nous l'y reprendrons plus d'une fois.

Profitons cependant de l'occasion pour placer une nouvelle remarque sur la composition du budget des recettes. Les recettes générales se répartissent naturellement en trois grandes catégories: contributions directes, contributions indirectes, revenus divers ne provenant pas de l'impôt. Sous cette forme, voici les recettes ordinaires de 1866 :

Contributions directes (fonds généraux) . fr.	320,844,018
Contributions autres que les contributions directes. fr.	1,315,248,849
Domaines, forêts, revenus divers et Algérie. . . . . fr.	137,683,386
Ensemble.	1,773,776,253

Mais si nous considérons à part les contributions non directes, nous nous convaincrons qu'elles se subdivisent en trois classes bien distinctes :

1° L'enregistrement et le timbre, qui ont un caractère mixte ;

2° Les contributions indirectes proprement dites, droits de douanes, droits sur les boissons, les sucres, etc.

3° Les monopoles en vertu desquels l'État rend un service ou vend une marchandise : ce sont les postes, les télégraphes, les tabacs et les poudres.

Il est évident que plus les services compris sous le paragraphe 3 s'étendent, plus ils deviennent productifs, et plus la dépense correspondante devient forte, soit qu'il faille rétribuer des agents de plus en plus nombreux, soit qu'il faille acquérir des quantités croissantes de matières premières.

La comparaison de 1866 à 1847 sur les recettes de ces quatre articles donne les chiffres suivants :

		1847	1866
Postes.	fr.	53,287,196	82,555,989
Télégraphes.	fr.	»	9,277,228
Tabacs..	fr.	117,698,320	241,957,522
Poudres.	fr.	6,994,820	12,608,302
		177,980,336	346,399,041

L'augmentation d'ensemble, en vingt années, est d'à peu près cent pour cent. Les dépenses d'exploitation ont dû, par conséquent, s'élever dans une proportion analogue ; c'est ce qui résulte du tableau suivant des dépenses comparées :

		1847	1866
Postes.	fr.	34,823,420	61,241,389
Télégraphes.	fr.	1,139,542	8,983,460
Tabacs.	fr.	31,680,101	62,233,400
Poudres.	fr.	3,459,448	3,908,779(1)
		71,102,511	136,367,028

L'augmentation des dépenses est également d'à peu près cent

(1) On a dû, pour la dépense des poudres de guerre, prendre la moyenne des crédits demandés pour 1867, 1868 et 1869, les dépenses de l'année 1866 ayant été exceptionnellement faibles, à cause des approvisionnements antérieurs de matières premières.

pour cent; en ferait-on un grief au gouvernement impérial? Ce serait lui reprocher d'avoir développé d'une manière prodigieuse nos services postaux sur tous les points du globe, d'avoir relié la France par des services à vapeur perfectionnés avec ses propres colonies et les contrées les plus éloignées de l'univers; d'avoir construit un magnifique réseau télégraphique, etc., etc. D'ailleurs, à cette augmentation de dépense annuelle de 65 millions correspond une augmentation de recettes de 168 millions, d'où un excédant final de 103 millions de recettes nettes. On voit, par cet exemple, qu'il ne suffit pas d'accuser un gouvernement d'avoir dépensé de l'argent. La vraie question à lui poser est celle-ci : « Quels sont les résultats de la dépense? »

IV

Maintenant, abordons, puisque M. Horn nous y convie, l'examen comparatif des budgets.

A-t-on réellement, de 1852 à 1866, dépensé trente et un milliards de francs? Le lecteur, qui a compris et médité notre analyse du budget de 1866, va répondre de lui-même : Non; car il prévoit d'avance que le total de trente et un milliards est fictif, puisqu'il se compose du chiffre fictif de chaque budget annuel.

Procédons.

La dépense totale des budgets de 1852 à 1865 a été réglée à.. . . . . fr.	28,761,345,047
La dépense de 1866 est prévue à. . . . fr.	2,241,822,833
Ensemble. . . . . fr.	31,003,167,880
Que vaut ce chiffre?	
Nous en extrairons d'abord, s'il plait à M. Horn, le léger total des dépenses fictives de l'amortissement, résultant d'une double écriture, pour . . . . fr.	1,775,165,116
Ce qui nous ramènera, dès l'abord, à. . fr.	29,228,002,764
On nous permettra d'en retirer également les restitutions et non-valeurs, qui constituent simplement une réduction de recettes, et non une dépense, soit. . . . . fr.	776,854,816
Il ne restera plus que. . . . . fr.	28,451,147,948

Les sommes annuellement reversées par le Trésor aux départements et aux communes sur les ressources spéciales à eux destinées s'élèvent à 3,004,011,236 fr.; à quoi s'ajoutent les en-subv tions pour travaux d'utilité communale, notamment pour les chemins vicinaux, montant à 43,631,907 francs; ensemble 3,047,643,143 fr.

Si donc, du total des dépenses de l'État ci-dessus réduit à. . . . . fr. 28,451,147,948

Nous retranchons les sommes qui appartiennent aux budgets départementaux et communaux, soit. . . . . fr. 3,047,643,143

Il ne restera que. . . . . fr. 25,403,504,805

Somme qui représente le chiffre maximum des dépenses de l'État en quinze années.

D'où il suit que la moyenne annuelle des dépenses ordinaires et extraordinaires de l'État, pendant les quinze premières années de l'Empire, a été de 1,693,566,987 fr., et non pas de 2,066 millions, comme le prétend M. Horn.

La différence annuelle étant de 372 millions, M. Horn a donc commis une erreur volontaire ou involontaire de 5 milliards 580 millions. Il est permis de la trouver un peu forte.

Nous arrivons à examiner quelle a été la progression des dépenses depuis quarante ans, et s'il est exact de dire, avec M. Horn, qu'on soit allé trop vite sous l'Empire et qu'on ait dépassé toute limite raisonnable.

Pour connaître le vrai, le réel et non l'apparent, il faudrait opérer, sur les totaux bruts des dépenses, les déductions nécessaires en vue de ramener les éléments de comparaison à une suffisante similitude. Cette méthode seule fournit des résultats auxquels on se puisse fier; mais, pour écarter toute objection, posons un instant, en présence l'un de l'autre, les totaux bruts de la dépense, réelle ou imaginaire, réglée législativement pour la dernière année du gouvernement de la Restauration, pour la dernière année du gouvernement de Juillet et pour le budget de 1866, qui est le dernier budget de l'Empire dont le règlement provisoire soit actuellement connu.

Le budget de 1829 a été réglé en dépenses à. fr. 1,014,914,432
Le budget de 1847 à. 1.629,678,080

Le budget de 1866 (1) est évalué à. 2,241,822,833
L'excédant des dépenses en 1847, comparativement à 1829, ressort à. 614,763,618
Et l'excédant des dépenses en 1866 sur 1847 à. 612,144,753

Or, le premier excédant, divisé par les dix-huit années comprises entre 1830 et 1847, donne une augmentation moyenne annuelle de. 34,153,536
Et le second, divisé par les dix-neuf années comprises entre 1848 et 1866, donne une augmentation moyenne annuelle de 32,218,144

Ainsi, une révolution, deux grandes guerres européennes, l'immense développement des travaux publics, la construction du réseau des chemins de fer et du réseau télégraphique, la transformation de la marine de guerre, etc., etc., n'ont pas changé la moyenne de l'augmentation annuelle de dépenses qui paraît normale chez un peuple en voie de progrès incessants, et loin qu'on soit allé trop vite, comme l'affirme téméraircment M. Horn, on s'est plutôt ralenti.

Après cette démonstration arithmétique, on nous permettra de revenir à notre précédente observation, et d'insister de nouveau sur ce fait que, de toutes les dépenses constatées aux trois époques 1829, 1847, 1866, il convient de déduire : les dépenses vraies ou fictives de l'amortissement, les restitutions et non-valeurs sur l'impôt, etc. Or, comme ces réductions sont d'autant plus considérables que le chiffre brut est plus élevé, elles sont plus favorables à l'exercice 1866 qu'à l'exercice 1847, et à l'exercice 1847 qu'à l'exercice 1829. C'est ce qui ressort du tableau suivant, où nous avons tenu compte de l'amortissement, des restitutions, des non-valeurs et des fonds départementaux et communaux :

	Dépenses totales.	Amortissement.	Remboursements.
1829.	1,014,914,432	77,509,913	175,828,071
1847.	1,629,678,080	48.886,565	228,202,677
1866.	2,241,822,833	127,975,202	385,537,679

(1) La dépense réelle, d'après le projet de règlement définitif, est sensiblement inférieure à l'évaluation provisoire calculée dans le texte; mais nous n'avons pas voulu profiter de documents qui n'étaient pas à la disposition de M. Horn.

Ce qui fait ressortir la dépense nette de l'État à :

		Excédant.
1829.	839,086,361	»
1847.	1,401,475,403	562,389,042
1866.	1,856,285,154	454,809,751

Or, 562,389,042 fr., divisés par dix-huit années, 1830-1847, donne une augmentation moyenne annuelle de. . 31,243,835 fr.

Et 454,809,751 fr. divisés par dix-neuf années, 1848-1866, donnent une augmentation moyenne annuelle de . . . . fr. 23,937,355

La comparaison n'est pas, ce nous semble, au désavantage de l'Empire, surtout si l'on calcule les immenses besoins auxquels il a dû satisfaire, et dont nous parlerons tout-à-l'heure.

Qu'on examine, qu'on creuse, qu'on retourne comme on voudra les chiffres qui précèdent, on les trouvera certains, inattaquables et probants.

Nous allions oublier cependant de les compléter par une indication d'un autre genre, le chiffre de la population :

1829.	Environ	32,147,755	habitants.
1847.	—	35,401,761	—
1866.	—	38,067,094	—

L'augmentation de la population et celle du territoire sont évidemment deux faits qui atténuent d'autant le montant proportionnel de la dépense ; il est juste d'en tenir compte.

V

Nous savons que M. Horn professe, et pour cause, un grand dédain des classifications et distinctions que nous venons d'établir.

« A cette pauvre gent contribuable, dit-il, *qui a dû fournir les* » *trente et un milliards de francs dépensés de* 1832 *à* 1866, peu » importent le titre et l'étiquette dont étaient affublées les exi» gences du fisc. »

Voilà une assertion nette et claire : M. Horn affirme que les 31 milliards de francs qu'il prétend avoir été dépensés de 1832 à 1866 ont été fournis tout entiers par les contribuables.

Eh bien ! cette assertion est complètement fausse, ainsi qu'on va s'en convaincre. Il y a plus, M. Horn, par une de ces insidieuses prétéritions qui lui sont familières, va jusqu'à déclarer qu'il écarte, comme hors de cause, la question des dépenses d'ordre, et qu'elles ne sont point comprises dans les comptes qu'il étudie. Nous ne savons comment qualifier une assertion si audacieuse, car ces dépenses sont comprises dans les trente et un milliards que M. Horn n'a pu réunir qu'en y comprenant tous les comptes nominaux, si chimériques qu'ils fussent. Toute sa tactique consiste à faire croire qu'il discute trente et un milliards de dépenses effectives, dépenses d'ordre en dehors, tandis qu'en réalité il ne s'agit que de trente et un milliards nominaux, dépenses d'ordre en dedans. M. Horn, après avoir tout compté, ajoute *et cætera*. Ce genre d'habileté, si c'en est une, excitera toujours, chez le lecteur de bonne foi, plus d'étonnement que de sympathie.

Arrivons au fait. Sur ces trente et un milliards non pas dépensés, mais comptés dans les quinze budgets de 1852 à 1866, qu'a payé le contribuable?

Voilà, ce nous semble, la question capitale. Nous allons y répondre.

Les recettes totales des budgets de 1852 à 1865, réglés législativement, et du budget de 1866, réglé provisoirement, s'élèvent en apparence à. . . . . fr. 30,938,391,532

Il faut en retrancher tout d'abord ce qui n'est une recette que sur le papier :		
1° La recette fictive de l'amortissement. . . . . fr.	1,775,165,116	
2° Les sommes restituées et les non-valeurs.	776,854,816	2,552,019,932
Reste. . . . . fr.		28,406,371,600
Puis les recettes qui ne proviennent pas de l'impôt :		
1° Forêts et pêches.	579,324,054	
2° Domaine	194,459,475	
3° Aliénations de bois . . .	42,498,202	
4° Revenus divers.	1,629,489,175	2,445,770,906
Reste encore. . . . . . . , fr.		25,960,800,694

Puis les ressources extraordinaires : indemnités chinoise, cochinchinoise, mexicaine, versements de la Compagnie algé-

rienne, des Compagnies de chemin de fer, etc.	827,405,014
Nouveau reste . . . . fr.	25,133,395,680
Puis les excédants reportés d'un exercice sur l'autre, compris dans le total pour.	559,879,694
Ce qui nous ramène à. . . . . fr.	24,573,515,986

C'est par une évidente distraction et non par l'espoir invraisemblable d'être cru sur parole, que M. Horn confond dans les recettes provenant de l'impôt le capital des emprunts souscrits depuis 1852. La confusion n'est pas possible; les souscripteurs d'emprunt ont fourni volontairement le capital qui leur était demandé; loin de l'avoir aliéné, ils le possèdent encore; ils peuvent à leur gré y rentrer en vendant leurs titres et même réaliser un bénéfice de 179 millions (1). Les contribuables ne paient jamais que l'impôt, sur lequel sont prélevés les arrérages des emprunts. L'erreur de M. Horn est criante.

Reprenons donc le chiffre ci-dessus porté à. fr.	24,573,515,986
pour en soustraire la recette des emprunts comprise dans les budgets pour.	1,996,974,014
Reste. . . . . . fr.	22,576,541,972

(1) La totalité des émissions publiques a été de 17,566,230 fr. de rente 4 1/2 pour 100, pour.. fr. 359,626,333

Et de 94,165,861 fr. de rente 3 pour 100, pour............	2,013,195,240
Ensemble............................. fr.	2,372,821,573

Ce qui donne un taux moyen d'émission de 92,12 pour le 4 1/2 pour 100, et de 64,13 pour le 3 pour 100.

Aux cours de 99 fr. et de 69 fr., ces mêmes rentes valent aujourd'hui le

4 1/2 pour 100..	386,456,994
Et le 3 pour 100..	2,165,714,780
	2,552,171,774
Le taux d'émission étant de..............................	2,372,821,573
Le bénéfice des souscripteurs ressort à.....................	179,350,201

On remarquera que les emprunts ne sont portés aux budgets que pour 1,996,974,014 fr.

La différence avec le produit des émissions, soit environ 375,847,559 fr., provient de ce que les 300 millions de l'emprunt de 1864 ont été portés tout entiers à l'actif de la dette flottante, en diminution des découverts des budgets. Le surplus, composé de reliquats successifs, figure dans les produits divers du budget et dans les recettes extraordinaires.

Cette somme représente très-positivement le maximum des recettes provenant de l'impôt; mais elle comprend encore les sommes prélevées sur les contributions directes en faveur des budgets départementaux et communaux. Il faut les extraire, si l'on veut avoir le vrai compte des impôts payés à l'État pour le service de l'État.

Donc, du dernier total de. . , ... fr.	22,576,511,972
extrayons les reversements aux départements et aux communes, montant à.	3,047,613,143
Et il ne nous reste comme produit d'impôts appliqués aux dépenses de l'État . . . . fr.	19,528,898,829

De *dix-neuf milliards et demi* réellement payés à l'État par les contribuables en quinze années, aux *trente et un milliards* allégués par M. Horn, la différence est de *onze milliards et demi*. Ainsi, M. Horn a exagéré de *cinquante-neuf pour cent* la charge réelle qui pèse sur les contribuables.

Dix-neuf milliards cinq cent vingt-neuf millions en quinze ans, c'est un milliard trois cent deux millions de moyenne annuelle, et non pas deux milliards soixante-six millions, comme on n'a pas craint de l'affirmer.

Nos calculs appellent ici une balance de vérification.

Nous avons établi les dépenses effectives et totales de l'État, en quinze années, à. . . . . fr. 25,403,504,805

Voici maintenant le tableau récapitulatif des ressources :

1° Les impôts de toute nature . . . . . . fr.	19,528,898,829
2° Les revenus propres	2,445,770,906
3° Les ressources extraordinaires.	827,405,014
4° Les emprunts	1,996,974,014
	24,799,048,763

La dépense étant calculée par nous à. . . fr.	25,403,504,805
Et les ressources à	24,799,048,763
La différence ressort à . . . . fr.	604,456,042

chiffre qui concorde précisément avec le total des découverts des budgets constaté par le compte général des finances pour 1866, page 467 (1).

(1) Découvert du budget de 1852 25,759,013
— — 1853 23,148,545
A reporter 48,907,558

Ce résultat prouve encore une fois la rigoureuse concordance de nos calculs et leur authenticité.

Or, puisqu'il est bien certain :

Que l'État, en quinze ans, n'a pas dépensé 31 milliards, mais 25 milliards seulement ;

Que sur ces 25 milliards, l'impôt payé à l'État ne dépasse pas 19 milliards et demi, nous demandons ce que deviennent les calculs proportionnels si péniblement échafaudés par M. Horn, sur la relation de l'impôt avec le revenu net des familles françaises.

Il est bien entendu que dans nos défalcations, en vue de ramener les budgets à la recette réellement encaissée par le Trésor et réellement payée par le contribuable et à la dépense réellement effectuée par l'État, nous n'avons compris pour aucune somme les frais de recouvrement et de gestion des deniers publics. Nous reconnaissons avec M. Horn que ce sont des dépenses effectives prélevées sur l'impôt, et nous ne les avons pas déduites.

En Angleterre, au contraire, on a l'habitude de n'alléguer, dans les discussions, que les chiffres nets encaissés par l'Échiquier. Il existe donc, chez nos voisins, deux budgets des recettes : le premier au net, le seul dont on parle ordinairement et qui se chiffrait en 1866 par 66 millions sterling ou 1,650,000 francs, et le second au brut, qui s'élevait à 94,053,408 l. st. ou 2,351,335,200 francs.

		Report	48,307,558
—	—	1859	186,633,322
—	—	1860	119,008,884
—	—	1861	164,903,164
—	—	1862	34,953,626
—	—	1863	22,131,099
—	—	1864	51,765,611
			627,703,264
A déduire l'excédant du budget de 1865			21,961,530
		Reste	605,741,734
Et comme l'excédant indiqué au compte provisoire de 1866 est de			1,285,692
La différence finale est pareille à celle que nous indiquent nos calculs analytiques			604,456,042

Au 31 décembre 1851, les découverts du Trésor montaient à 635,416,015 fr., et au 31 décembre 1866 à 699,149,348 fr. 79 ; les découverts de la période 1852-66 ayant été compensés, sauf une somme de 13,733,334 fr., par diverses ressources telles que l'emprunt de 1864, la soulte de 1862, le second capital de la Banque de France, etc.

Le budget brut des recettes françaises pour 1866 montait à 2,243,108,525 fr.

Si l'on divise le budget anglais brut par 29 millions d'habitants et le budget français brut par 38 millions d'habitants, on obtient pour quotient, donnant la moyenne nominale de l'impôt par tête :

En Angleterre.	81 fr. 08 c.
En France.	59 02

Mais si l'on ramène les deux budgets anglais et français au vrai des impôts payés par les contribuables pour les dépenses générales de l'État, frais de perception compris, on retrouve :

Pour l'Angleterre (1). . . . . fr.	1,648,212,150
Pour la France. . . . . fr.	1,618,533,264

Ce qui donne pour l'impôt moyen par tête :

En Angleterre.	56 fr. 49
En France.	42 59

VI

M. Horn s'est évidemment attaché, en écrivant sa brochure, moins à instruire les esprits qu'à les troubler, moins à avertir qu'à blesser, moins à éclairer qu'à enflammer. Cette intention non déguisée est surtout frappante lorsqu'il s'efforce d'établir un rapport précis entre le revenu de chaque famille française et l'impôt qu'elle paye. Ici les exagérations perfides ont beau jeu, car les points de comparaison sont absoluments artificiels, sinon complétement arbitraires, et l'on s'adresse aux susceptibilités et aux souffrances de la classe la plus nombreuse, qui est à la fois la plus facile à alarmer et la moins apte à discuter par elle-même les chiffres au moyen desquels on l'effraye.

(1)

Recette brute.			2,351,335,200
Domaines.	432,523 liv. st.		
Divers.	3,073,568		
Emprunts, bons d'échiquier, etc.	24,618,841		
	28,124,932	ou fr.	703,123,300
Reste payé par l'impôt.			1,648,211,900

M. Horn affirme :

1° Que le *revenu annuel* de chaque famille française ne dépasse pas mille francs ;

2° Que l'impôt payé par chaque famille française est de 240 fr.

D'où cette conclusion que l'impôt prélève *presque le quart* du revenu de chaque famille (pages 7 et 9) ; à la page 11, les 240 francs sont portés à 250, et par conséquent deviennent *tout à fait le quart.*

Nous allons dire ce que nous pensons du raisonnement de M. Horn pour l'établissement du revenu des familles et pour la répartition de l'impôt entre elles. Mais constatons d'abord que si ces bases étaient justes, comme nous avons déjà prouvé que l'impôt réellement payé s'élève non pas à 2,227 millions, mais à moins de 1619 millions, la quote-part de chaque famille devrait par cela même être réduite à 174 fr. 50 c., c'est-à-dire au sixième et non pas au quart du revenu.

D'abord se présente une question. D'où vient le nombre de 9,327,000 familles entre lesquelles M. Horn divise le fardeau de l'impôt annuel? On doit bien s'en douter, quand on a le secret des procédés de l'auteur. Après avoir évalué l'impôt au plus haut chiffre possible, il fallait, pour obtenir un quotient très-élevé, diviser le total exagéré de l'impôt par le plus petit nombre possible de familles. Ce curieux travail de falsification demande à être vu de près.

D'après les détails qu'on possède pour le recensement de 1861, mais qu'on n'a pas encore pour le recensement de 1866, la population française, composée en 1861 de 37,382,225 individus, se divisait en 9,747,029 ménages, ce qui donnait, en moyenne, par ménage, un peu moins de 4 personnes, exactement 3,83. D'après cette même moyenne, les 38,067,094 individus recensés en 1866, en augmentation de 684,869 sur 1861, doivent former environ 9,939,189 familles. Dix millions de ménages ont paru à M. Horn un diviseur trop élevé. S'en tenir au nombre constaté en 1861, c'est-à-dire répartir l'impôt de 1866 sur la population de 1861, c'était une entreprise qui aurait pu paraître hardie au plus audacieux... M. Horn a fait plus.

Ayant remarqué qu'il existait, en 1861, 1,185,000 ménages solitaires, c'est-à-dire d'une seule personne, il affirme que pour des raisons « faciles à saisir, » mais que, pour notre part, nous ne saisissons pas du tout, ces « solitaires » sont de médiocres contribuables. Nous aurions cru, nous, tout le contraire ; on estime d'ordinaire que quatre personnes isolées dépensent beaucoup plus qu'un ménage de quatre personnes. « Quand il y a pour deux, il y a pour trois » est un dicton qui a la valeur d'un axiome économique. Mais M. Horn a changé tout cela ; de son autorité privée, il appareille les ménages solitaires en les groupant par deux ; de la sorte, il supprime 392,500 ménages ; on conçoit qu'après ce tour de gobelet, il peut, sans aucun risque, tenir compte ostensiblement de 178,000 ménages nouveaux acquis au recensement de 1866. Cette générosité ne mettra jamais en ligne de compte que 9,327,000 familles. De telle sorte qu'avec une augmentation de 681,869 habitants constatée en 1866, le hardi prestidigitateur trouve 120,000 familles de moins que n'en donnait le recensement de 1861. Par un prodige de son art, il a supprimé presque autant de familles que le recensement ajoutait d'habitants !

Après un légitime tribut d'admiration payé à cette combinaison si ingénieusement décevante, hâtons-nous de rentrer dans la réalité.

La proportion de 3.83 personnes par ménage, indiquée par le recensement de 1861, donne, pour les 38,067,094 habitants du recensement de 1866, un total de 9,939,189 familles. En admettant que la France payât réellement 2,227 millions d'impôt annuel, la charge de chaque famille serait de 224 francs, et non de 240 francs, comme l'affirme M. Horn.

Mais le calcul de l'impôt fourni par l'auteur du *Bilan* étant faux comme son calcul du nombre des familles, il n'en subsiste rien.

M. Horn prétend que 9,327,000 familles ont payé 2,227,000 fr. d'impôt en 1866, soit 240 et même 250 fr. d'impôt par famille.

Ces trois chiffres sont imaginaires.

La vérité, la voici :

En 1866, 9,939,189 familles ont payé 1,618,500,000 francs d'impôt, c'est-à-dire 162 fr. par famille.

Entre 240 et 162 fr., la différence est de 78 fr. ; M. Horn a donc majoré le chiffre vrai de *quarante-huit pour cent*, c'est-à-dire de près de moitié. Nous avions déjà trouvé ce résultat pour l'ensemble des impôts payés en quinze années. On voit que nos déductions s'enchaînent et se corroborent avec autant de suite que les erreurs qu'elles poursuivent et qu'elles démasquent.

Expliquons nous maintenant sur les 1,000 francs de revenu que M. Horn donne comme « le revenu annuel par famille en France. »

Des évaluations récentes, dues à des économistes « autorisés, » que M. Horn ne nomme pas, portent, dit-il, à 1,000 francs « le revenu annuel par famille en France. » Veut-on parler de la somme annuelle brute dont chaque famille dispose, soit par ses bénéfices industriels ou agricoles, soit par ses rentes, soit par ses salaires? M. Horn ne nous laisse pas le temps de nous arrêter à cette idée, car, à la sixième ligne qui suit, il ajoute : « Combien n'y a-t-il pas » (le sujet de la phrase manque) « qui aspirent en vain à un *revenu net* de 1,000 francs par an! »

Nous voilà dans un tout autre ordre d'idées. Le revenu net est encore un bien autre problème que le revenu brut; le revenu net, le produit net, le prix net sont la quadrature du cercle de l'économie politique. Si M. Horn appelle « revenu net » la somme dont la famille peut disposer après avoir pourvu à ses besoins, il est certain que peu de familles laborieuses disposent d'un tel revenu; mais il n'échappe à personne que, dans le système financier qui nous régit, lorsque les besoins sont satisfaits, l'impôt est payé, puisque sur quatre francs d'impôts, trois au moins se perçoivent sous forme de contributions indirectes. Il suffit donc au contribuable de manger, de boire, de fumer, de chasser, ou d'écrire une lettre pour avoir acquitté les trois quarts de sa quote-part d'impôt.

Toute réflexion faite, nous conjecturons que M. Horn n'emploie l'expression « revenu net, » que pour jeter une équivoque de plus dans cette longue suite d'approximations subreptices. Sa pensée paraît plus claire dans le passage suivant : « La dixième » partie à peine des familles occupées comme journaliers et ou- » vriers agricoles, atteint un revenu de 1,000 fr. par an. Ce revenu » suppose trois cents jours de travail, rapportant plus de 3 fr. » chaque. » Et plus loin, il admet au maximum 1,200 fr. de revenu brut pour l'ouvrier parisien, à raison de 5 fr. par deux cent quarante jours de travail effectif par an.

Décidément, c'est du salaire qu'il s'agit.

Sous ce point de vue, nous admettons, quoique trop faible, l'évaluation de M. Horn. Qu'on y fasse bien attention : il s'agit de trois cents jours de travail à 3 francs par jour, non pas par individu, mais par famille de quatre personnes.

Or, que M. Horn y prenne garde, car nous sommes sur la trace, et nous avons lu dans son jeu : un salaire de trois francs par jour pour quatre personnes, cela peut être la condition d'un très-grand nombre de familles de travailleurs, mais enfin ce n'est pas là une moyenne, c'est évidemment un *minimum*. Cela est si vrai, qu'après avoir mis en avant cette proposition générale qu'en

France le revenu annuel par famille est de mille francs (p. 6), M. Horn fait un nouveau détour, et, à la page 7, revient sur sa pensée en l'altérant par une réticence soudaine : « On sera donc » fort large en portant à mille francs par an, *pour la grande majorité*, le revenu net de la famille française. »

Mais la minorité? descend-elle au-dessous de ce revenu de mille francs? Non, vous savez bien et vous le cachez, c'est votre méthode, que cette minorité se compose précisément des classes aisées et des classes riches, dont le revenu est de beaucoup supérieur à mille francs.

Donc, qu'avez-vous fait? Vous avez mis en présence la *moyenne* de l'impôt et le *minimum* de revenu : sûr moyen de faire paraître la première écrasante comparativement au second. C'est de l'économie politique à faux poids.

En voici la preuve, arrachée à M. Horn lui-même. La brochure énumère toutes les catégories de famille qu'il est hypothétiquement admissible de réduire à un revenu de mille francs par quatre personnes.

Dans son aversion, facile à comprendre, pour les suites de chiffres coordonnés qui, en se balançant, fournissent des points de repère et des moyens de contrôle, M. Horn s'est abstenu de totaliser les éléments mis en œuvre. C'est un soin que nous prendrons pour lui.

Sur un nombre de familles par lui réduit, comme nous l'avons vu, à 9,327,000, il fait avancer à mille francs l'une :

1° Familles de propriétaires agricoles exploitants.	2,250,000
2° Fermiers et métayers..	1,125,000
3° Journaliers et ouvriers agricoles..	1,340,000
Ensemble (1).	4,715,000
4° Industrie du bâtiment.	530,000
5° Habillement.	485,000
6° Alimentation..	416,000
7° Transports..	300,000
Total.	6,446,000

(1) Si nous voulions traiter ici le fond de la question, nous ferions remarquer que la nourriture, le logement, etc., des 4,715,000 familles vouées à l'agriculture, sont prélevés sur les frais généraux de l'exploitation agricole ; de sorte que le revenu et le salaire, si faibles qu'on les suppose, sont en grande partie épargnés et restent ainsi nets d'impôt.

Il manque à l'appel 2,881,000 familles, sur le sort desquelles M. Horn se tait absolument. Quelles sont ces familles mystérieuses? N'étant vouées ni à l'exploitation agricole ni à l'industrie manuelle, il faut de toute nécessité qu'elles comprennent tous les propriétaires non exploitants, les rentiers, la magistrature, le barreau, l'état-major de l'armée, les fonctions publiques, les beaux-arts, etc. Ce sont donc plus de dix millions de personnes, aisées ou riches, que M. Horn a silencieusement étouffées pour la perfection de son raisonnement.

On ne nous accusera pas d'hyperbole si nous supposons que les familles non agricoles ni ouvrières gagnent ou reçoivent une somme annuelle de 3,000 francs, soit 750 francs par personne. Voilà donc 2,881,000 familles, restituées par nous à l'état civil, lesquelles disposent ensemble d'un revenu ou traitement de francs. 8,643,000,000

Les 6,446,000 familles, réduites par M. Horn à un revenu ou salaire de 1,000 francs, fournissent. 6,446,000,000

15,089,000,000

Reprenons encore les 612,189 familles, dont M. Horn a décrété la suppression pour cause de « solitude », et comptons-les seulement à 1,000 francs par famille. 612,189,000

Et nous avons comme total des revenus et salaires vraisemblables. . . . . fr. 15,701,189,000

Nous aurons alors comme revenu moyen de chaque famille française de quatre personnes (3,83), 1579 francs 50, et comme l'impôt moyen est de 162 fr. par famille, nous pouvons considérer comme vraisemblable qu'il ne dépasse guère 10 pour 100 du revenu ou du salaire moyen.

D'ailleurs, la comparaison de 1,618 millions d'impôt réel avec 15,701 millions de revenu, donne exactement la même proportion.

VII

Le moment est venu de considérer les dépenses en elles-mêmes, en recherchant ce qu'elles ont produit pour l'intérêt, la gloire et la prospérité du pays. Nous avons placé à la fin de cette brochure un tableau détaillé, conforme aux écritures du Trésor, des dépensenses réelles de l'Etat depuis le 1er janvier 1852 jusqu'au 31 décembre 1866.

Ces dépenses, nous l'avons établi, montent à fr. 25,403,504,805, ainsi divisés :

Ministères d'Etat et de la Maison de l'Empereur... fr.	336,920,034
Justice	138,710,562
Affaires étrangères	181,162,661
Dette publique et dotations	6,800,885,501
Service général des finances	380,661,178
Guerre et Algérie	7,461,686,817
Marine	2,881,965,853
Instruction publique	250,126,580
Cultes	722,129,752
Intérieur	741,957,707
Agriculture, commerce et travaux publics	2,330,509,094
Ensemble	22,526,715,739
Y ajoutant les frais de perception et de régie des revenus publics	2,876,789,066
On a le total général de... fr.	25,403,504,805

Quatre gros chapitres sollicitent premièrement notre attention :

La dette publique ;

La guerre ;

La marine ;

Les travaux publics.

Dette publique. — M. Horn a eu beau jeu pour enfler le chiffre apparent de la dette, puisque cet unique chapitre porte tout le poids des dépenses fictives de l'amortissement. Nous surprendrons sans doute bien des gens, qui ont pu lire dans la brochure de M. Horn que la dette publique absorbe en moyenne 609 millions et demi par an, en plaçant sous leurs yeux, d'après le *compte des finances* pour 1866, le tableau des rentes inscrites au 1er janvier 1867 :

Rentes 4 1/2 p. 100.	fr.	37,495,296
Rentes 4 p. 100		446,096
Rentes 3 p. 100		302,634,936
Total en rentes.	fr.	340,576,328

Au 1er janvier 1852, il existait en inscriptions.	fr.	239,304,528
Mais la caisse d'amortissement en possédait.. . .		12,005,615
Ce qui laissait comme rentes actives, c'est-à-dire dues à des tiers.		227,298,913

Si l'on compare ces deux sommes de rentes :		
L'une, existant au 1er janvier 1867, montant à	fr.	340,576,328
Et l'autre au 1er janvier 1852.		227,298,913
On touve une différence de.	fr.	113,277,415

Ces 113,277,415 fr. représentent la totalité des rentes créées en quinze ans par le Gouvernement impérial.

Cette charge correspond d'ailleurs fort exactement au capital des sommes empruntées sous forme de rentes et montant à 2,373 millions.

L'emploi de cette somme est connu : 1,500 millions pour la guerre de Crimée, 500 millions ou peu s'en faut pour la guerre d'Italie. M. Horn approuve ces deux guerres ; il a donc mauvaise grâce à critiquer les emprunts qui les ont soldées.

Quel rapport y a-t-il entre les 340 millions et demi de rentes inscrites au 1er janvier 1867 et une dette annuelle de 610 millions? Rien de plus simple. Il suffit d'ajouter aux rentes inscrites les dépenses fictives de l'amortissement, puis les emprunts spéciaux pour canaux, ponts et chemins de fer, annuellement amortissables; les rachats des péages du Sund, des Belts, de l'Escaut, les intérêts de la dette flottante, et toute la dette viagère, y compris les pensions civiles et militaires.

Il eût été juste, alors qu'on englobait le tout en un seul chiffre, d'expliquer que la plupart de ces dépenses existaient dans les budgets antérieurs à l'Empire ; que l'augmentation du chiffre des pensions correspond à la plus légitime des améliorations accordée aux anciens serviteurs de l'Etat; et qu'enfin si les intérêts de la

3

dette flottante se sont élevés en 1866, pour un budget nominal de 2,200 millions, à 37 millions, ils n'étaient pas inférieurs à 33 millions en 1847, pour un budget nominal de 1,630 millions; ce qui n'indique pas que le Trésor public soit moins habilement administré aujourd'hui qu'il y a vingt ans.

La guerre et la marine. — L'augmentation de la dette et l'augmentation du budget de la guerre et de la marine sont deux faits connexes, la première étant l'effet dont la seconde est la cause. L'administration de la guerre a coûté en quinze ans 7,462 millions; si l'on en défalque les 2 milliards des guerres de Crimée et d'Italie, il reste une dépense de 5,462 millions en quinze ans, soit environ 364 millions en moyenne.

Or, le budget de la guerre s'élevait, pour l'exercice 1847, à. . . . . fr. 373,365,981

Et pour l'année 1848 à fr. 421,182,774

La moyenne des dépenses normales de l'armée sous l'Empire est donc restée inférieure à celle de la dernière période du gouvernement de Juillet et à celle de la République de 1848, tout en subissant la charge des expéditions du Mexique, de Chine, de Cochinchine, de Syrie, de l'occupation de Rome, etc., etc.

Et qu'on ne l'oublie pas! l'artillerie a été transformée; les vivres et les fourrages sont plus chers, et cependant le soldat est mieux nourri et reçoit une solde plus forte.

La marine a reçu sa part des améliorations dues à la sollicitude de l'Empereur et des pouvoirs publics. Mais, en outre, elle s'est doublement transformée. Nous avons, en quinze ans, assisté à trois révolutions : la substitution de la vapeur à la voile pour les navires de guerre, puis le remplacement des murailles de bois par les murailles de fer, et en conséquence une artillerie nouvelle.

Les dépenses de la marine ont-elles doublé, sous l'Empire, comme l'affirme M. Horn? Non, à beaucoup près; la dépense de 1847 montait à 133 millions; elle n'a pas dépassé 195 millions en 1866.

Et cependant quels changements! Un navire de guerre, qui coûtait 3 ou 4 millions il y a 25 ans, en coûte 10 aujourd'hui. Une grande nation ne peut pas marchander les conditions vitales qui garantissent sa sécurité et font respecter son pavillon. Que M. Horn félicite la [illegible] d'ignorer encore les dépenses de la marine de guerre (1); cette naïveté, qui semble empruntée à un vaudeville célèbre, fait sourire un instant, mais elle ne diminuera pas la satisfaction raisonnée que donne à la France la possession d'une flotte admirable, magnifique création du génie et de la volonté de l'Empereur.

Oh! nous connaissions depuis longtemps, avant de les avoir retrouvées dans la brochure de M. Horn, les déclamations banales qu'inspirent les dépenses dites improductives de la guerre et de la marine. On s'exclame sur les exigences de l'impôt qui « absorbe » et « détruit » la meilleure part du revenu des contribuables. Arrêtons-nous, cependant, à ces doléances énervées et demandons-nous ce qu'elles valent.

Il semble, aux discours de certains économistes, que les sommes prélevées pour la défense sociale soient versées dans un gouffre profond qui les conduise au centre de la terre, où elles seraient à jamais perdues pour la richesse générale. Cependant, que sont en temps de paix les dépenses de la guerre et de la marine? D'abord, la solde, la nourriture, le vêtement et l'entretien de 500 mille hommes; puis l'achat de matériaux, de fer, de bois, de cordages, de chevaux, etc. Qui fournit la nourriture de nos marins et de nos soldats, le froment et la viande qui les substantent, la laine et le chanvre qui les couvrent, le métal qui les arme, sinon notre agriculture et notre métallurgie? En temps de paix, le budget de la guerre et de la marine n'est donc pas une machine d'absorption, mais une machine d'irrigation, qui répartit et disperse dans toutes les branches de l'activité nationale une partie des capitaux prélevés sur la masse des contribuables. Ce mode de circulation est sans doute moins fructueux que les transactions ordinaires du travail civil; mais enfin, c'est abuser des mots que de parler d'absorption. L'Etat ne garde rien; tout ce qui entre dans ses caisses en ressort à l'instant pour rentrer dans le courant général.

Mais en admettant que le budget de la guerre et de la marine constituent une dépense réelle de 600 millions par an, quel est le but de ce sacrifice? Quelle est sa compensation?

Cette dépense de 600 millions garantit l'intégrité du territoire continental de la France et de ses possessions d'outre-mer; elle garantit l'indépendance nationale de quarante millions d'hommes, la propriété et l'inviolabilité de richesses énormes, dont les chiffres suivants ne donnent qu'une insuffisante idée :

(1) *Le bilan de l'Empire*, p. 15.

La production agricole est évaluée environ quinze milliards;

La production industrielle et le revenu de la propriété bâtie donnent un chiffre analogue.

Nous importons annuellement quatre milliards de marchandises et de métaux précieux.

L'ensemble des produits annuels, protégés par notre armée et notre marine militaire, tant à l'intérieur du pays que sur tous les points du globe, dépasse donc trente milliards de francs.

Nous n'essayerons pas de calculer, même approximativement, la valeur en capital des terres, maisons, meubles, fabriques, usines, chemins de fer, rentes, canaux, numéraire, etc., qui représentent la richesse nationale accumulée de génération en génération.

Quoi qu'il en soit, les 600 millions de dépense annuelle affectée à la guerre et à la marine représentent une prime d'assurance d'environ 2 pour 100 de la production et de la consommation annuelle du pays contre le risque d'invasion, de conquête et de rapine, tant sur terre que sur mer. Que cette prime soit jugée trop forte, qu'on ait l'espoir de la réduire successivement dans la mesure du progrès universel et de la solidarité des nations entre elles, nous y accédons pleinement. En dehors de ce *desideratum* légitime, qui ne peut être obtenu qu'avec le temps et le concours de circonstances indéfiniment favorables à la paix du monde, le reste n'est que déclamation pure contre une dépense nécessaire et légitime dans son principe, et qui, loin de constituer une atteinte sérieuse à la richesse nationale, est la condition d'existence et de conservation de cette richesse elle-même.

Les travaux publics. — C'est avec un étonnement singulier que nous avons lu, parmi tant d'assertions étonnantes, l'accusation deux fois répétées par M. Horn contre le Gouvernement impérial de n'avoir pas su mettre la France, en matière de viabilité, au niveau des nations les plus avancées, de n'avoir pas employé, nous citons textuellement, « une partie tant soit peu notable des 31 mil-» liards, soit à développer nos moyens et nos facultés de produc-» tion, soit à perfectionner nos moyens de circulation. »

Ici M. Horn s'est heurté, plus violemment encore qu'en aucune autre partie de sa brochure, à la vérité des faits, vérité de notoriété publique, éclatante comme le jour.

Sur les 25,403,504,805 fr. réellement dépensés par l'Etat, de 1852 à 1866, le ministère de l'agriculture, du commerce et des travaux publics en revendique 2,330,509,094 fr., dont 1,108,345,138 fr. à titre de travaux extraordinaires.

Le service des chemins de fer, à lui seul, a engagé une dépense totale de 675,956,498 fr. (1). Cette dépense est considérable par elle-même, mais pour en apprécier les bienfaisants effets, il faut considérer surtout le courant qu'elle a déterminé dans l'industrie privée, et qui a poussé jusqu'au chiffre colossal de neuf milliards de francs la participation du public à la construction de notre réseau national.

Si ce n'est pas là un effort « notable, » nous dirions nous un effort gigantesque, pour développer nos moyens de circulation, c'est que nous ne comprenons plus la valeur de la langue française, ou, du moins, que nous ne comprenons pas la langue que parle M. Horn.

Dira-t-on que l'œuvre était commencée et que le Gouvernement impérial n'a eu qu'à l'achever?

Encore des chiffres, ce sera notre réponse.

Voici dans quel état le Gouvernement de Juillet, au moment de sa chute, laissait le réseau des chemins de fer :

En exploitation.	1,830 kilomètres.
En construction.	2.872 —
Total du réseau.	4,702 kilomètres.

Au 1er janvier 1852, la longueur des lignes en exploitation était d'environ 3,650 kilomètres.

Quinze ans après, au 31 décembre 1866, nous nous trouvons en présence des longueurs suivantes :

En exploitation.	14,514 kilomètres.
En construction.	6,526 —
Total du réseau.	21,040 kilomètres

Sous l'administration impériale, de 1852 à 1866, il a donc été livré à l'exploitation 10,864 kilomètres de chemins de fer; soit exactement deux kilomètres par jour pendant quinze années consécutives. Et l'on ose dire que l'Empire n'a rien fait pour développer et perfectionner nos moyens de circulation!

(1) Travaux de l'État et subventions : 626,956,498; avances comme garantie d'intérêt en 1865 et 1866 : 49 millions.

Pendant la même période, il a dépensé ponr les routes, ponts, rivières, canaux, ports maritimes, et le service hydraulique, *un milliard trois cent trente-sept millions deux cent dix mille trois cent vingt francs*, savoir :

Dépenses ordinaires.	fr.	711,948,207
Dépenses extraordinaires.	fr.	625,262,113
Ensemble.	fr.	1,337,210,320
Y ajoutant pour les chemins de fer.	fr.	695,881,382
On a un total de.	fr.	2,033,091,702

Ainsi, ces dépenses de viabilité, que M. Horn accuse l'Empire d'avoir négligées, n'ont pas employé moins de deux milliards en quinze ans. Étrange justice des partis! S'agit-il de juger les grands travaux qu'admirera la postérité, on blâme la dépense. S'agit-il d'apprécier la dépense, on va jusqu'à nier les travaux.

Si nous faisions entrer ici en ligne de compte le développement du réseau des chemins vicinaux poursuivi avec persévérance par l'Empereur, et qui, en quinze ans, a employé 2,250 millions, l'auteur de la brochure nous répliquerait vraisemblablement que c'est l'affaire des budgets départementaux et communaux(1); et cependant il persiste à laisser à la charge de l'État la somme de *trois milliards quarante-sept millions cent trente-trois mille cent quarante-quatre francs* qui n'ont fait que traverser le budget de l'État pour aller s'inscrire en ressources à la tête des budgets des départements et des communes.

Savoir :

1° Reversement aux départements et aux communes de la portion des contributions directes qui leur est réservé par la loi, autrement dit ressources spéciales . . . . . . fr. 3,003,501,237

2° Subvention de l'État aux communes pour

---

(1) En trente ans, de 1837 à 1866, il a été dépensé sur les chemins vicinaux 2,258,401,000, fr., savoir : 1,110,657,500 fr. en prestations, et 1,147,743,500 fr. en argent, savoir :

Dans les quinze années 1837-1851..........................	890,944,900
Dans les quinze années de l'Empire, 1852 à 1866..........	1,367,456,100
Total..................	2,258,401,000

chemins vicinaux et autres travaux d'utilité communale. 43,631,907

Somme égale. . . fr. 3,047,132,144

M. Horn charge l'État en recettes des ressources spéciales destinées aux départements et aux communes; mais il passe sous silence l'emploi qui en est fait.

De sorte qu'en face de chaque article du passif grossi par tous les artifices imaginables, on inscrit *néant* à l'actif. Voilà comment M. Horn dresse le bilan de l'Empire!

Ministère d'État, de la Maison de l'Empereur et des Beaux-Arts. — Nous poursuivons les inexactitudes dans le détail comme dans la masse. Il n'y a pas de petit objet lorsqu'il s'agit de la recherche de la vérité. M. Horn dit que ce ministère ou ces ministères ont coûté 229 millions en dépenses ordinaires seulement; nous ne savons où il a puisé ce chiffre. De 1852 à 1866, les ministères d'État et de la Maison de l'Empereur ne figurent dans les dépenses ordinaires que pour. . . . . fr. 210,686,993

Le chiffre de M. Horn comporte une exagération de 19 millions qui ne s'explique pas, et qui n'a d'autre importance qu'en ce qu'elle trahit le peu de soin qui préside aux calculs de l'auteur. Cette négligence dans la matérialité des faits contraste singulièrement avec l'industrie qu'il déploie à préparer des déductions fausses par supposition, prétérition ou insinuation, comme celle-ci : « Serait- » il interdit, par exemple, de croire que les ministères d'État, de » la maison de l'Empereur et des Beaux-Arts, *création de l'Em-* » *pire*, sont d'une utilité plus que contestable? Ils ont, de 1851 à » 1866, absorbé près de 229 millions en dépenses ordinaires seu- » lement. »

La gradation est savamment nuancée : « Les ministères d'État, » de la maison de l'Empereur et des Beaux-Arts, sont une créa- » tion de l'Empire. » Cela paraît exact, sans l'être tout à fait, car le ministère de la maison du roi et la direction générale des Beaux-Arts sont une création de la Restauration. « Ces ministères « sont d'une utilité plus que contestable. » Puis : « Ils ont ab- » sorbé 229 millions. » *Post hoc, ergo propter hoc.* Ces ministères ont absorbé 229 millions, ils sont inutiles; c'est l'Empire qui les a créés; donc, si l'Empire n'avait pas créé ces rouages inutiles, on aurait épargné au budget 229 millions de dépenses ordinaires.

Tel est évidemment, pour le lecteur non avisé, le sens des remarques de M. Horn.

Et cependant, les 229 millions de dépenses, à l'exception du traitement du ministre, de l'administration centrale et du matériel du ministère, montant à quelques centaines de mille francs, représentent des services permanents, qui préexistaient sous les anciens régimes, à savoir :

Les dépenses du conseil d'État, autrefois classées dans celles de la justice ;

Les archives de l'Empire, les Beaux-Arts, les théâtres, les monuments historiques, autrefois classés dans les services du ministre de l'intérieur ;

Le conseil des bâtiments civils ; les haras, autrefois classés dans les services du ministère de l'agriculture, du commerce et des travaux publics.

Les ministères d'État, de la maison de l'Empereur et des Beaux-Arts n'ont donc, en ce qui touche les services généraux qu'ils englobent, rien innové au contenu de nos anciens budgets.

Maintenant, puisque M. Horn met en ligne de compte, sous le nom du ministère d'État, de la maison de l'Empereur et des Beaux-Arts, les dépenses ordinaires des théâtres, des monuments historiques, etc., comment se fait-il qu'il passe sous silence les dépenses extraordinaires de ces départements ministériels, montant à 126,232,941 francs? N'est-ce pas dans la crainte d'être obligé de rappeler que l'Empire a achevé le Louvre, reconstruit les Tuileries, édifié le nouvel Opéra et la nouvelle manufacture de Sèvres?

Ministère de la justice. — Les dépenses de la justice qui furent de 27 millions en 1847, ont atteint, pour 1866, 33 millions de francs. M. Horn, qui s'élève contre tous les accroissements de recettes, regrette en même temps que l'État manque de fonds « pour mieux payer les juges. » C'est précisément pour cela qu'on a augmenté le budget de la justice; les juges de paix surtout ont vu s'améliorer la condition de leur utile et populaire magistrature.

Instruction publique. — M. Horn dit que le budget de 1866 n'accorde à l'instruction publique que la « piteuse aumône » de 23 millions, ordinaire et extraordinaire. C'est vrai, et nous reconnaissons avec M. Horn que ce n'est pas assez. Mais qu'est-ce que

M. Horn fait des 8 millions de dépenses sur ressources spéciales (1)? Comment ose-t-il, les mettre à la charge de l'État, lorsqu'il s'agit d'établir les recettes fournies par les contribuables, et les supprimer lorsqu'il s'agit pour l'État d'en rendre compte? Encore une suppression de 8 millions, pour une seule année, au préjudice de l'actif du bilan.

Toutes restreintes qu'elles soient, les ressources mises par le budget de l'Empire au service de l'instruction publique, et dont l'augmentation a, dans ces dernières années, en grande partie profité aux instituteurs primaires, ces serviteurs si modestes et si méritants, sont de beaucoup supérieures à celles que les précédents gouvernements y consacraient.

De 1830 à 1847, c'est-à-dire en dix-huit années, les dépenses de l'instruction publique (sur ressources générales et spéciales) avaient été de. . . . . fr. 220,513,990

Pour l'Empire, de 1852 à 1866, en quinze ans, elles ont atteint. . . . . fr. 349,001,657

Si nous cherchons une comparaison encore plus sensible, nous trouvons que, contre les 349 millions consacrés par le budget de l'État aux dépenses de l'instruction publique pendant les quinze premières années de l'Empire, les quinze premières années du gouvernement de juillet, n'ont dépensé que 166,763,624 francs.

L'Empire a donc *doublé* la dotation de l'instruction publique ; si l'effort n'est pas encore suffisant, la justice commande du moins d'avouer qu'il est considérable.

D'ailleurs, pour apprécier la situation réelle de ce grand service, il faut le considérer dans son ensemble. Si l'on tient compte des dépenses départementales et communales, on arrive au chiffre général d'au moins 70 millions pour les dépenses de l'instruction primaire seulement dans les écoles publiques, ce qui suppose, d'après la population respective des écoles publiques et privées, un total d'au moins 85 millions de francs, consacrés annuellement à l'instruction primaire (2).

---

(1) Voici les chiffres détaillés :

Dépenses ordinaires de l'instruction publique : fr.	20,689,038
— extraordinaires........................	1,675,000
— Sur ressources spéciales.................	7,953,192
Total...........................	30,317,230

(2) Statistique de l'instruction primaire au 1er janvier 1866. Imprimerie Impériale. 1867.

Il n'est pas permis, lorsqu'on affiche la prétention d'éclairer le public, de lui dissimuler des faits d'une pareille importance.

Le lecteur de bon sens, qui saurait que la France consacre, non pas 20 millions à l'instruction publique seulement, mais 85 millions à la seule instruction primaire, ne croirait pas volontiers que, dans les villes même, c'est M. Horn qui l'affirme, la moitié à peine de la population sache signer son nom.

Ouvrons la statistique publiée par la Chambre de Commerce de Paris; nous y verrons que sur cent ouvriers de Paris, hommes et femmes, 87 savent lire et écrire, et que, dans la profession la moins instruite, celle du bâtiment, la proportion des illettrés ne s'élève pas au-dessus de 27 pour cent.

M. Horn a donc calomnié d'un seul coup la population française et le gouvernement impérial.

Cultes.—De 39 millions en 1847, le service des cultes est arrivé dans les budgets actuels, à 53 millions par an. Le traitement des curés et des desservants, notablement amélioré, et le service divin assuré dans les campagnes par la création d'un grand nombre de succursales, telles sont les causes principales de l'élévation des dépenses.

Mais M. Horn pense que les sommes attribuées au culte doivent être rangées « parmi les dépenses fort discutables... » C'est l'avis, ajoute-t-il, « de tous les amis éclairés de l'Église. » Les amis éclairés de l'Église et de M. Horn ont jusqu'à présent gardé l'anonyme. Ils font bien.

Télégraphes. — La brochure traite les télégraphes comme elle a traité les chemins de fer. « Nous manquons d'argent, dit-elle, pour développer le service télégraphique. » Au moment même où M. Horn écrivait ces lignes, le Conseil d'État délibérait le projet de loi, en ce moment soumis aux Chambres, qui réduit de moitié le prix des taxes télégraphiques de département à département et de bureau à bureau

Quant au passé, quelques chiffres permettront de mesurer toute l'étendue de l'œuvre accomplie avec un zèle intelligent par l'administration des télégraphes français :

De l'année 1851 au 31 décembre 1867, les dépenses de premier établissement de la télégraphie privée se sont élevées à. . . . . fr. 25,157,444

Et celles d'exploitation à. 89,362,649

Total. . . . . fr. 114,520,093

Les recettes montent à. . . . . fr. 80,353,845

Mais elles ne constituent pas le seul bénéfice que l'État ait retiré de la télégraphie électrique. Le service de ses dépêches qui n'est pas porté en recette, lui aurait coûté, au prix de la taxe, 1,800,000 francs par an. Si, cependant, pour rester dans les évaluations les plus modérées, on estime cette dépense à 1,300,000 fr., somme affectée à ce service en 1847, on retrouve, de 1851 à 1867, une somme de 22,100,000 francs. Enfin il convient de porter au crédit de l'administration télégraphique la valeur de son matériel estimé 22 millions.

Ce qui met en présence une dépense de 115 millions en nombres ronds et une contre-valeur de 125 millions. Que reste-t-il des doléances de M. Horn sur le service télégraphique?

VIII

Nous n'écrivons pas un traité de finances; nous bornons notre plan à la rectification des erreurs de chiffre et de calcul, à la réfutation des accusations injustes ou calomnieuses lancées par M. Horn. Le système financier de cet écrivain, si tant est qu'il en possède un qui lui soit propre, restera donc en dehors de notre discussion.

Nous n'examinerons, dans cet ordre d'idées, que ses appréciations sur le mécanisme même des budgets et sur la méthode qui préside à la classification respective des dépenses.

S'il était vrai, comme M. Horn l'affirme, que, sur les ressources ordinaires de l'État, 160 millions à peine restassent disponibles pour les besoins effectifs, le Trésor serait bien malade. Mais, comme on s'en doute bien, le calcul de M. Horn est de pure fantaisie, ou plutôt c'est encore un exercice d'adresse.

Le secret n'en est pas bien compliqué ; il consiste à faire payer les dépenses extraordinaires, y compris les deux grandes guerres de 1854 et 1859, tous les grands travaux publics, etc., par les recettes ordinaires. Celles-ci devenant alors insuffisantes pour les dépenses de même nature, on compense, par une opération inverse, le prétendu découvert des dépenses ordinaires avec les ressources extraordinaires.

Laissons-là ces puérilités; elles montrent que M. Horn compte beaucoup sur l'inexpérience ou la crédulité de ses lecteurs.

Mais ce qui ressort bien clairement des études qui précèdent, c'est que, dans beaucoup de cas, l'accroissement des dépenses publiques correspond soit à une grande amélioration réalisée, soit à un accroissement de recettes qui annule la dépense correspondante, en laissant aux citoyens le bénéfice d'un service rendu.

Nous avons éclairci, chemin faisant, la plus grave question qui soit impliquée dans les problèmes délicats de l'administration des finances publiques, celle de la proportion à garder entre les besoins même les plus légitimes de l'État et les facultés des contribuables. Nous avons prouvé :

1° Que les dépenses générales comportent un élément purement fictif dont il faut savoir les dégager ;

2° Que les ressources de l'État comprennent des revenus importants qui ne sont pas fournis par les contribuables ;

3° Enfin que la relation entre l'impôt et le revenu du contribuable, que M. Horn portait à un quart, n'atteint vraisemblablement pas 10 pour 100.

Les choses ainsi ramenées à leurs proportions naturelles, nous sommes en mesure de soutenir que l'impôt, en France, n'a rien d'excessif ni d'accablant, ce qui ressortira en pleine évidence par quelques nouvelles preuves.

Ces preuves, après tout, se résument en une considération principale et décisive : c'est que, dans un intervalle de trente-sept années, pendant que la richesse publique suivait un mouvement de progression inouï, les bases de l'impôt, tout compensé, avaient à peine varié.

L'impôt foncier est demeuré tel qu'il se percevait il y a trente-sept ans, malgré l'énorme plus-value de la propriété cultivée et bâtie.

Mis en recouvrement aux rôles de 1829 pour une somme de 170 millions de francs, l'impôt foncier est calculé, dans le budget de 1866, pour 169,587,205 fr. Cette comparaison peut surprendre, mais elle est authentique. Il est juste de dire, qu'après d'assez fortes variations, l'impôt foncier, sur l'initiative du Prince Président, fut réduit, par la loi du 7 août 1850, de 17 centimes sans affectation spéciale, représentant un produit annuel de 28 à 29 millions.

D'après un relevé fait en 1863 et annexé au rapport de M. Busson-Billault sur le budget de 1864, la compensation des impôts créés ou augmentés avec les impôts supprimés ou dégrevés, dans la période comprise entre le 1er janvier 1848 et le 31 décembre 1863, se balançait par un excédant d'impôts créés de 6,915,000 fr.

Depuis 1863, des dégrèvements nouveaux, la suppression de l'impôt des voitures et chevaux, d'un demi-décime d'enregistrement, etc., ont ramené l'assiette moyenne des taxes générales au-dessous de l'assiette adoptée antérieurement au 1er janvier 1848 (1).

Ainsi, les impôts, loin de s'accroître, ont été diminués, de sorte que l'augmentation du revenu public, composé pour les trois quarts de taxes indirectes, provient uniquement de l'accroissement naturel de la consommation, thermomètre infaillible de l'aisance générale.

Les revenus indirects de l'exercice 1847, n'avaient été que de 824,782,000 fr.

Ils figurent pour 1294 millions dans les recettes de 1866; c'est-à-dire qu'en seize ans, les revenus indirects se sont accrus de 469 millions de francs ou 56 pour 100, comparativement à 1847.

Il est un autre signe non moins irrécusable, qui indique avec la précision d'une balance romaine, le poids de l'impôt sur le contribuable : c'est le recouvrement de l'impôt direct. Le contribuable est-il en détresse ou surchargé, il y a retard sur les recouvrements comparés aux exigibilités, et surélévation proportionnelle des frais de poursuites. Le contribuable est-il à l'aise et modérément taxé, on voit se produire le phénomène inverse : à savoir, l'avance des recouvrements sur les exigibilités, et la diminution des frais de poursuite.

Eh bien, au 31 décembre 1847, sur onze douzièmes exigibles, il n'y avait que dix douzièmes soixante-six centièmes de recouvrés; les contribuables étaient donc en retard de trente-quatre centièmes de douzième; et les frais de poursuite montaient à 1 fr. 97 par 1,000 francs.

Au 31 décembre 1866, les contribuables étaient en avance de soixante-cinq centièmes de douzième sur les exigibilités, et les frais de poursuite qui, au 31 décembre 1851, montaient à 3 fr. 07 pour 1,000 francs, étaient descendus à 1 fr. 30.

Dans un autre ordre d'idées, l'aisance générale se déduit aussi des données qu'on possède sur l'épargne publique. Au 31 décembre 1866, les fonds des caisses d'épargne s'élevaient au chiffre

(1) Le solde des dégrèvements, comparés aux augmentations, représente une suppression de taxes annuelles d'environ 19 millions de francs.

de 315,871,539 fr. Le nombre des inscriptions de rente mobilisées, au 31 décembre 1866, était de 1.092,215, pour une somme de 296,322,152 fr. de rentes, ce qui donne une moyenne de 271 fr. de rente par inscription (1). Qu'on ajoute une somme encore plus forte en obligations de chemins de fer garanties par l'État, plus les réserves formées par la Caisse des retraites pour la vieillesse, admirable création de l'Empire, et par les 5,614 Sociétés de secours mutuels, nées sous l'impulsion des décrets de 1852 ; et l'on mesurera le chemin parcouru dans la voie de la prévoyance et de l'aisance, par les populations auxquelles un règne glorieux a garanti les bienfaits durables de l'ordre et du travail.

D'autre part, grâce au développement prodigieux de l'industrie et du commerce, les salaires sont allés toujours en augmentant, et en même temps les remaniements d'impôt ont toujours été dirigés dans le sens du dégrèvement des matières premières et de consommation générale. C'est ainsi que l'allégement ou la suppression ont porté sur le café, le sucre, le coton, la laine, les céréales, les postes, les télégraphes, les transports par chemins de fer, par rivières, par canaux et par mer; tandis que les taxes aggravées ont été les alcools, les tabacs, les poudres, les cartes à jouer, etc.

On fera mieux encore ; le champ des améliorations est immense. Mais nous en avons dit assez pour convaincre que, sous l'Empire, le système général des impôts a été conduit par une pensée intelligente et féconde, qui, malgré l'entrave des circonstances extérieures ou imprévues, a permis de ménager les forces des contribuables. Dégrèvement ou affranchissement des matières premières, abaissement des transports et des frais de communication, dégrèvement sur les impôts directs en faveur des contribuables les moins riches et des petits patentés : ce sont là des mesures que la science financière et la science politique approuvent également et qui signalent le Gouvernement impérial à la reconnaissance des populations.

Le jugement sévère porté par M. Horn sur les procédés financiers de l'Empire est-il mieux fondé que ses funestes prévisions de ruine? L'État a emprunté, c'est vrai; quelques budgets se sont réglés à découvert ; c'est encore vrai. Où est la faute? Est-ce que le bon sens qui, en finances comme ailleurs, a le pas sur l'esprit de système, n'indique pas que l'État doit choisir ses voies et moyens,

(1) La moyenne des inscriptions de rente, en 1847, était de 532 fr., à peu près le double d'aujourd'hui.

non pas en vertu de formules toutes faites, mais en raison des circonstances et du temps présent, comme aussi en considération du résultat à obtenir ?

Ouvrez le compte général des finances de 1866, au tableau qui indique le règlement législatif de tous les exercices depuis 1840, vous y verrez que les douze années comprises dans la période de 1840-1851 ont été réglées avec des découverts montant à 1,244,026,400 francs. Les huit dernières années du régime de juillet y sont comprises pour 885 millions, soit un découvert moyen et constant de 111 millions par an.

Les quinze années 1852-1866 du régime impérial donnent huit exercices réglés en découvert et sept années réglées en excédant. Or, ces découverts n'ayant pas dépassé 615 millions, ne donnent qu'un découvert moyen de 41 millions. Si les découverts constituent par eux-mêmes un mauvais mode de réglement, ce qui n'a rien d'absolu, il faudrait louer l'Empire d'en avoir moins usé que ses prédécesseurs.

Enfin, pour être équitable et loyal, il aurait fallu rappeler que, depuis cinquante ans que les gouvernements constitutionnels ont vu leurs dépenses s'accroître plus ou moins vite, soit pour l'accomplissement de leurs plans politiques, soit pour obéir « aux entraînements du bien », l'Empereur est le seul Souverain qui, ne se contentant pas de stériles doléances sur l'abus des crédits supplémentaires, se soit volontairement retranché le droit incontesté, que tous les chefs d'État jusqu'à lui avaient possédé, d'ouvrir des crédits avant le vote des Chambres.

La sénatus-consulte du 31 décembre 1861 est encore un article qui manque à l'actif du bilan dressé par M. Horn.

IX

La présente étude, renfermée, comme on l'a vu, dans le plan d'un redressement et non d'une exégèse financière, n'aurait pas toute sa portée, si, après avoir signalé tout ce qui manque dans le faux bilan de M. Horn, elle négligeait de remplir ces vastes lacunes.

L'état présent de la richesse publique, les progrès réalisés depuis 1852, voilà le tableau que nous plaçons comme conclusion dernière, sous les yeux du lecteur.

Nous n'avons plus de raisonnements à exposer, de calculs à construire, à vérifier en tous sens pour les faire toucher du doigt.

Ici les faits ont seuls la parole. Nous nous contentons de les grouper, ne nous attachant qu'aux plus saillants.

En 1847, le commerce extérieur de la France, importations et exportations réunies, se chiffrait par un total de 2,614 millions.

En 1851, ce total n'avait subi qu'une très légère progression ; il était de 2,787 millions.

En 1866, il a été de *huit milliards cent vingt-six millions*, en augmentation de *cinq milliards cinq cent douze millions* (soit *deux cent dix pour cent*) sur l'année la plus favorable du règne de Louis-Philippe.

Parallèlement à cette immense extension des échanges, les principales productions se sont accrues comme suit :

En 1862, 7,456,931 hectares de terre étaient consacrés à la culture du froment ; dix ans auparavant, cette culture n'embrassait que 6,984,772 hectares ; et la vigne qui, en 1852, n'employait que 2,190,909 hectares, en occupait, en 1862, 2,320,809.

La production des vins, qui jaugeait, en 1852, 28,636,000 hectolitres, en a donné 63,838,000 en 1866.

La production et la consommation de la houille se lient intimement avec le développement industriel du pays. Voici donc quelques chiffres dont on apprécìera la haute valeur :

De 79,585,000 quintaux métriques en 1852, la consommation de la houille s'est élevée en 1866 à 174,915,000 qx métriques.

Dans ce total, la houille indigène compte pour 112,126 quintaux métriques, d'une valeur de 126,749.000 francs, tandis qu'en 1852 elle ne dépassait pas 49,039,000 quintaux métriques pour une valeur de 46,752,000 francs.

Cette houille indigène a été fournie par 327 mines employant 77,342 ouvriers. En 1852, il n'existait que 286 mines exploitées par 35,381 ouvriers.

Voici quelle était, en 1852, la production générale de notre métallurgie.

	Quantités.	Valeurs.
Fonte.	522,700 t. m.	74,978,000 fr.
Fers	301,800	131,004,000
A reporter. . .	824,500	205,982,000

Report. . . .	24,500	205,982,000
Aciers	181,000	16,288,000
Cuivre	19,200	5,167,000
	1,024,700 t. m.	227,437,000 fr.

Que l'on compare ces totaux avec la production de 1864 :

	Quantités.	Valeurs.
Fonte	1,212,800 t. m.	136,006,000 fr.
Fers.	792,100	193,893,000
Aciers.	113,600	23,796,000
Cuivre.	164,200	39,494,000
	2,584,800 t. m.	393,189,000 fr.

On voit que la production métallurgique a suivi la même progression que la consommation de la houille. Elle a plus que doublé.

En 1852, la sucrerie indigène avait fabriqué 67,887,000 kilog. de sucre ; elle en a fabriqué 246,806,000 en 1866.

Il a été vendu en 1852, au consommateur français, 20,492,000 kilogr. de tabac ; il en a été vendu 30,582,000 kilogr. en 1866.

La quantité de poudres consommée en 1852 était de 1,545,000 kilog. ; elle s'est élevée à 4,011,000 kil. en 1866.

En 1852, l'industrie française employait 7,779 machines à vapeur d'une force de 216,457 chevaux. En 1864, elle a mis en usage 25,027 machines d'une force de 674,720 chevaux.

La part de l'industrie privée en dehors des chemins de fer et des bateaux à vapeur est considérable dans ce gigantesque développement de forces ; le nombre des appareils qu'elle possédait, en 1852 et 1864, s'est élevé de 6,080 avec une force de 75,519 chevaux, à 19,724 avec une force de 242,210 chevaux.

Les chemins de fer présentent des résultats non moins importants pour la mesure de l'activité générale.

En 1852, 3,872 kilom. exploités, ont, moyennant 135 millions de recettes brutes, transporté 23 millions de voyageurs et 5 millions de tonnes de marchandises.

En 1866, 14,448 kilomètres exploités, ont, moyennant une recette brute de 610 millions, transporté 89 millions de voyageurs et 37 millions de tonnes de marchandises.

La poste transportait en 1852 :
181 millions de lettres ;
95 millions de journaux et autres papiers.
Elle a transporté en 1866 :
342 millions de lettres
Et 305 millions de journaux et autres papiers

Les télégraphes, qui expédiaient 18.105 dépêches en 1852, en ont transmis 2,812,551 en 1866.

Le solde dû aux déposants des Caisses d'épargne au 31 décembre 1852, était de. . . . . fr. 247,094,707
Et au 31 décembre 1866, de. 515,874,539

Enfin, pour attester la continuité et la solidité de ce grand mouvement de travail et d'épargnes, la Banque de France, qui, en 1847 (succursales et banques départementales comprises), escomptait dans l'année une somme de. . . . . fr. 1,814,759,000
et en 1852 de. 1,824,469,000
a escompté en 1862. 3,431,600,000
et en 1866. 6,574,900,000

En présence d'un tel accroissement de richesses, y a-t-il lieu de s'étonner ou de s'affliger que les services généraux confiés à l'État aient augmenté de quelques centaines de millions? Que la conscience publique réponde.

En définitive les budgets annuels sont des faits passagers, qui se résolvent tous par un grand compte de profits et pertes qu'on appelle la dette.

La dette française comporte un capital nominal d'environ dix milliards, sur lesquel trois milliards et demi nominaux environ ont été créés par l'Empire (pour 2 milliards et quelques cents millions d'effectif). Voilà le passif.

L'ambition russe réfrénée en Orient ; l'Italie affranchie ; la Savoie et Nice réunies au territoire continental de l'Empire ; une immense colonie créée dans l'extrême Orient, ouvert par nos armes à notre commerce, à notre industrie et à notre influence ; nos possessions sans cesse accrues au nord comme à l'ouest de l'Afrique ; un milliard de travaux extraordinaires exécutés par l'Etat, et faisant éclore dix autres milliards de travaux par l'industrie privée : voilà l'actif.

Le réseau de nos chemins de fer, complétement terminé dans

trois ans, représentera un capital réel de dix milliards, formant la contrevaleur de celui de la dette publique, et l'État, actuellement nu-propriétaire, en deviendra le propriétaire pur et simple vers le milieu du siècle prochain.

Qu'on y ajoute la valeur en capital ou en services des forêts. domaines, routes, ponts, canaux, fleuves, ports, transformés ou régénérés; les landes, les dunes, les marais rendus à l'agriculture, la Sologne et la Dombe assainis, les montagnes reboisées; les routes agricoles créées; les villes protégées contre l'inondation: plus l'immense outillage de nos arsenaux, de nos usines nationales, de nos établissements scientifiques, de notre marine de guerre, etc., et l'on reconnaîtra que le Gouvernement impérial a bien géré la fortune de la France.

Tableau des dépenses réelles de l'État du 1er janvier 1852 au 31 décembre 1866.

	DÉPENSES APPARENTES.	DÉPENSES LOCALES A DÉDUIRE.	DÉPENSES FICTIVES A DÉDUIRE.	DÉPENSES RÉELLES DE L'ÉTAT.	OBSERVATIONS.
Ministère d'État	316.154.683	»	»	316.154.683	(*) Amortissement non-effectif.
Justice	438.710.562	»	»	438.710.562	
Affaires étrangères	181.162.661	»	»	181.162.661	(**) Cadastre et reversement aux communes.
Dette et Dotations	8.576.050.647	»	(*) 1.775.165.116	6.800.883.501	
Finances	1.449.302.818	(**) 1.069.241.640	»	380.061.178	
Guerre et Algérie	7.461.086.817	»	»	7.461.086.817	(***) Revenant aux budgets départementaux et communaux.
Marine	2.881.065.853	»	»	2.881.065.853	
Instruction publique	349.001.657	(***) 98.875.077	»	250.126.580	
Cultes	722.129.732	»	»	722.129.732	(****) Revenant aux budgets départementaux et communaux pour..... 1,835,894,519
Intérieur	2.621.484.133	(****) 1.870.526.426	»	741.957.707	
Agriculture, commerce et travaux publics	2.330.309.094	»	»	2.330.309.094	Subvention aux chemins communaux, etc... 43,631,907
Ministère des beaux-arts et de la maison de l'Empereur	20.765.351	»	»	20.765.351	1,879,526,426
	27.349.523.998	3.047.643.143	1.775.165.116	22.526.715.739	
Frais de perception et de régie des impôts	2.876.789.066	»	»	2.876.789.066	
	30.226.313.064	Total des dépenses réelles		25.403.504.805	
Restitutions et non-valeurs	776.854.816				
Total des dépenses apparentes.	31.003.167.880				

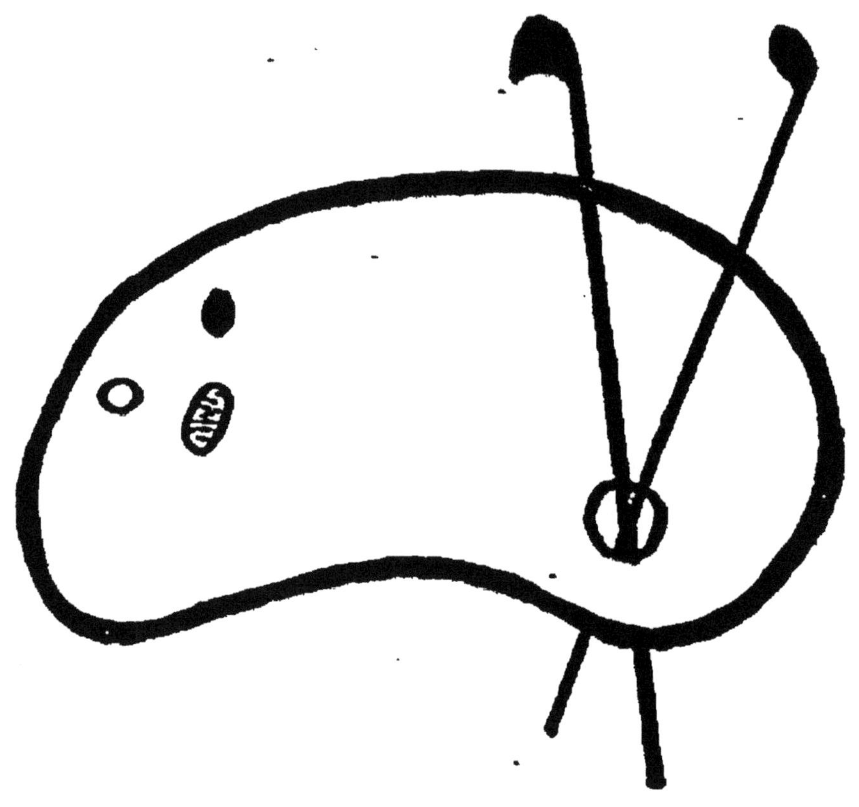

www.ingramcontent.com/pod-product-compliance
Ingram Content Group UK Ltd.
Pitfield, Milton Keynes, MK11 3LW, UK
UKHW020352220726
13923UKWH00004B/1613